우리말
법화경 사경 3

혜조惠照 스님

공주사대 독어과 졸업 후 출가.

봉녕사 강원 졸업.

동국대학교 대학원 박사과정 수료.

대한불교조계종 총무원 문화국장 역임.

저서 및 논문으로

『우리말 법화삼부경』, 『운명을 바꾸는 법화경 사경』(전7권),

『행복을 부르는 법화경 사경』(전7권), 『독송용 우리말 법화경』

『너를 위해 밝혀둔 작은 램프 하나』(시집), 『엉겅퀴 붉은 향』(시집)

「연기법에 의한 공사상과 중도론 연구」(논문) 등이 있다.

우리말 법화경 사경 3

발행일 불기 2567년 9월 15일

번역 혜조 | **펴낸이** 김시열

펴낸곳 도서출판 운주사

(02832) 서울시 성북구 동소문로 67-1 성심빌딩 3층

전화 (02) 926-8361 | **팩스** (0505) 115-8361

ISBN 978-89-5746-156-3(세트) 03220

http://cafe.daum.net/unjubooks (다음 카페: 도서출판 운주사)

우리말 법화경 사경 3

혜조 惠照 譯

운주사

우리말 법화경 사경 차례

우리말 법화경 사경 3

사경 시작한 날 : 불기　　　　　　년　　　월　　　일

__________________ 두손 모음

제7 화성유품

부처님께서 모든 비구들에게 이르시었다.

"지나간 옛적 한량없고 그지없으며 이루 헤아릴 수 없도록 머나먼 아승기 겁 이전에 그 당시 부처님께서 계셨느니라. 부처님의 이름은 대통지승여래·응공·정변지·명행족·선서·세간해·무상사·조어장부·천인사·불세존이셨고, 세계의 이름은 호성이었으며 시대의 이름은 대상이었느니라.

모든 비구들아!

그 부처님께서 열반하신 지는 아주 오래되었느니라. 예를 들어 삼천대천 온 세계에 있는 모든 땅덩어리를 어떤 사람이 갈아서 먹을 만들어, 동쪽으로 천 세계를 지나갈 때마다 먹물 한 방울씩 떨어뜨리되 제일 큰 것이 먼지 티끌 정도라고 하자. 이렇게 천 세계를 지날 때마다 한 방울씩 떨어뜨리기를 계속 되풀이하여, 마침내 땅덩어리의 먹을 다 썼다면 너희들은 어떻게 생각하느냐? 가령 아무리 셈이 빠른 선생이나 제자라 할지라도 먹물을 떨어뜨리고 지나간 모든 세계들의 숫자를 다 알 수 있겠느냐?"

"알 수 없습니다, 세존이시여!"

"모든 비구들아!

더욱이 그 사람이 지나간 국토 가운데에 먹물이 떨어진 곳과 떨어지지 않은 곳을 전부 다시 부수어 티끌을 만들었다고 하자. 그 티끌 하나하나를 일 겁으로 치더라도, 대통지승 부처님께서 열반하신 지는 그보다 훨씬 오래되어 한량없고 그지없는 백천만억 아승기 겁이 지났느니라. 하지만 나는 여래의 지혜묘력을 사용하므로, 그렇게 오래된 옛일을 마치 오늘 일처럼 환히 내다보느니라."

그때 세존께서 거듭 의미를 표현하시고자 게송으로 말씀하셨다.

내가 생각하니 지난 세상

한량없고 그지없는 겁 이전에
부처님 양족존께서 계셨으니
이름은 대통지승불이시니라.

예를 들어 어떤 사람이 힘으로 삼천대천의
온 세계
모든 땅덩어리를 갈아서 먹을 만들어
천 세계를 지날 때마다 먹물 한 방울씩 떨어뜨
리고
이렇게 하기를 되풀이하여 먹물을 다 썼다고
하자.

또 그와 같은 모든 국토의
먹물 떨어진 곳과 떨어지지 않은 곳을
전부 다시 부수어 티끌을 만들어서

티끌 하나하나를 일 겁으로 치더라도,

그 모든 티끌수보다
대통지승불 열반하신 겁 수가 훨씬 많나니
저 대통지승 부처님 열반하신 지는
참으로 오랜 무량겁이로다.

그러나 여래는 걸림 없는 지혜로
저 부처님께서 열반하시던 모습과
당시의 성문·보살들까지
지금 열반함을 보듯이 환히 알거니,

모든 비구들은 마땅히 명심하되
부처님 지혜는 깨끗하고 미묘하며
번뇌 없고 장애될 것조차 없어서

한량없는 겁 이전까지 모두 통달하노라.

부처님께서 모든 비구들에게 이르시었다.

"대통지승 부처님의 수명은 오백사십만억 나유타 겁이었느니라. 그 부처님께서 본디 도량에 앉으사 마군중을 쳐부수고 아뇩다라삼먁삼보리를 거의 얻으셨으나, 모든 불법이 앞에 나타나지 않았느니라. 이렇게 하여 일 소겁이 지나고 십 소겁이 되도록 가부좌를 맺은 채 몸과 마음을 움직이지 아니하였건만, 모든 부처님의 법은 아직도 앞에 나타나지 않았느니라.

그때에 도리천의 하늘천신들이 먼저 그 부처님을 위하여 보리수 아래에 사자좌를 마련하니 높이가 일 유순이었는데, 부처님께서 그 자리에 앉으시어 마땅히 아뇩다라삼먁삼보리 얻으시기를 바랐느니라. 이윽고 마침 부처님께서 그 자리에 앉으시자, 당시 모든 범천왕들은 온갖 하늘꽃들을 꽃비로 내려서 주위 사면 백 유순이 온통 꽃밭이었느니라. 게다가 향기로운 바람이 때때로 불어와서 시든 꽃을 날려버리고 새 꽃을 뿌리곤 하였느니라. 이렇게 하기를 십 소겁 동안이나 쉬지 않고 대통지승 부처님께 공양하였을 뿐 아니라, 부처님께서 열반하실 때까지 항상 꽃비를 내렸느니라. 사천왕의 여러 하늘 천신들은 언제나 부처님께 공양하기 위하여 하늘북을 두둥둥~ 울렸느니라. 그 나머지 다른 하늘천신들도 하늘악기를 연주하되 십 소겁 동안을 쉬지 않고 연주했으며, 부처님께서 열반하실 때까지 모두 그와 같이 연주하였느니라.

여러 비구들아!

대통지승 부처님께서는 십 소겁이 지나서야 모든 부처님의 법이 눈앞에 나타나 아뇩다라삼먁삼보리를 이루셨느니라.

그 부처님께서 출가하시기 전에 열여섯 명의 아들을 두셨는데, 그 첫째 아들을 '지적'이라고 불렀느니라. 모든 왕자들은 각각 여러 가지의 진귀하고 기이한 장난감들을 가지고 있었느니라. 그러나 아버지께서 아뇩다라삼먁삼보리를 이루셨다는 말을 듣자 모두 진귀한 장난감들을 내버리고, 부처님 계신 데로 가려고 집을 떠나니 어머니들은 눈물로 전송하였느니라. 그 할아버지인 전륜성왕은 백 명의 대신들과 나머지 백천만억 명의 백성들에게 둘러싸여 부처님 도량에 이르렀느니라. 전부 대통지승여래를 가까이 모시고 공양 올리며 공경하고 존중히 찬탄하고 싶어했느니라. 그래서 그들은 도량에 이르러 머리 숙여 부처님 발에 절한 다음 부처님 주위를 공손히 돌았느니라. 이윽고 모두 한 마음으로 합장한 채, 세존을 우러러보며 게송으로써 부처님을 칭송하였느니라.

'큰 위덕 갖추신 세존이시여!

중생들 제도하시려고
한량없는 억 겁 지나 비로소 성불하시니,
모든 서원 이미 다 구족하시매
거룩하시며 더없이 길상하시나이다.

세존께서는 매우 희유하시어
한번 앉으사 십 소겁이 지나도록
신체도 수족도 고요히 안정되어 움직이지 않으시며
그 마음 역시 항상 담박하여 조금도 산란하지 않고
마침내 길이 적멸하여 편안히 무루법에 머무시거늘,

이제 세존께서

안온하게 성불하심을 뵈오니
저희들은 그로 인해 좋은 이익 얻어
경사스러워 하며 더욱 크게 환희하나이다.

중생들이 항상 괴롭고 소경처럼 어두웁건만
인도해줄 스승이 없으니
고통 없애는 길조차 모르고
해탈을 구할 줄도 몰라서,

기나긴 세월 동안 악취만 늘고
하늘천신 무리는 줄어만 가거니
어두운 곳에서 어두운 곳으로 들어가
오래도록 부처님 이름도 듣지 못했나이다.

이제 부처님 가장 높고 편안한 무루도 얻으시어

저희를 포함한 하늘천신과 사람들이 가장
큰 이익 얻게 되니
그러므로 모두 머리 숙여
위없이 거룩하신 부처님께 목숨 바쳐 귀의하
나이다.'

그때에 열여섯 왕자가 게송으로 부처님을 찬탄하고 나서, 세존께 법륜 굴려주시기를 간청하며 모두 이렇게 사뢰었느니라.

'세존께서 법을 설해주시면 저희들이 크게 안락하며 편안하오리다. 그러니 모든 하늘천신과 사람들을 연민히 여기시고, 넉넉히 이익되게 해주시옵소서!'

이윽고 다시 게송으로,

'세상의 영웅께서는 견줄 이 없을 만큼
백 가지 복덕의 모습으로 스스로 장엄하셨으며
위없이 높은 지혜까지 얻으셨으니
부디 세간 중생을 위하여 설법해주소서!

저희들과 모든 중생 무리들이 해탈하도록
가르침을 분별하시고 보여주시어
부처님 지혜를 얻게 해서
저희가 성불하게 된다면 다른 중생들도 성불
하오리다.

세존께서 중생들 마음속 깊이 생각하고 있는
것과
그 동안 수행해온 경지까지 다 아시고
지혜의 힘과 욕망·복덕·숙세에 지었던 업마저

모두 다 알고 계시니, 부디 위없는 법륜을 굴려주소서!'

이렇게 거듭 사뢰었느니라."

석가모니 부처님께서 모든 비구들에게 계속 말씀하셨다.

"대통지승불께서 아뇩다라삼먁삼보리를 얻으셨을 때, 시방으로 각각 오백만억의 모든 부처님들 세계가 여섯 가지로 진동하였느니라. 그리고 심지어 세계와 세계 사이의 어두운 곳, 이를테면 해와 달의 광명조차 비추지 못하던 캄캄한 곳들도 크게 밝아졌느니라. 그래서 그 속의 중생들이 제각기 서로

쳐다보면서,

'이 가운데 어떻게 해서 홀연히 중생들이 생겨났을까?'

하고 저마다 중얼거릴 정도였느니라. 또 그 호성세계의 여러 천상과 범천의 궁전들도 여섯 가지로 진동하였으며, 큰 광명이 온 세계 가득히 두루 비추니 다른 모든 천상의 광명보다도 더욱 밝고 수승하였느니라.

당시 동방의 오백만억 세계 가운데 있는 범천들의 궁전에도 밝은 광명이 비치었는데, 평상시 광명보다도 훨씬 몇 배나 밝았느니라. 그래서 범천왕들은 각각 이렇게 생각하였느니라.

'지금 궁전을 비추고 있는 광명은 예전에

없던 것이다. 도대체 무슨 인연으로써 이러한 상서를 나타내는 것일까?'

이윽고 모든 범천왕들은 각기 서로 찾아가서 함께 이 일에 대해 의논하였느니라. 당시 그 대중 가운데 이름을 '구일체'라고 하는 어느 대범천왕이 있었는데, 그가 여러 범천 대중들을 위하여 게송으로 말하였느니라.

'우리들의 모든 궁전을 비추는
이 광명은 예전에 없던 것이니,
이것이 무슨 인연인가
마땅히 서로 함께 찾아보세나.

대덕이 하늘에 나시려는가?

부처님께서 세상에 출현하시려는가?
이토록 큰 광명이
시방세계를 두루 비추다니…….'

그때 동방의 오백만억 세계에 있는 범천왕들은 궁전과 함께 각각 옷자락에 온갖 하늘꽃들을 가득 담아 가지고, 다 같이 서쪽으로 날아가 이 상서를 찾아보았느니라. 그러다가 대통지승여래께서 도량의 보리수나무 아래 사자좌에 앉으셨는데, 여러 하늘천신과 용왕 및 건달바·긴나라·마후라가 같이 사람인 듯하면서 아닌 이들에게 공손히 둘러싸여 계신 것을 보았느니라. 그리고 열여섯 명의 왕자들이 부처님께 법륜을 굴려달라면서 가르침을 간청하는 것도 보았느니라.

이에 즉시 동방의 모든 범천왕들은 머리 숙여 부처님께 예배하고, 그 주위를 백천 번 돌면서 하늘꽃으로써 부처님 머리 위에 뿌리니 그 뿌린 꽃들이 수미산처럼 높이 쌓였느니라. 아울러 부처님께서 앉으신 보리수나무에도 공양하였는데, 그 보리수나무에 뿌려진 꽃무더기의 높이가 십 유순이나 되었느니라. 이렇게 꽃공양을 다 마친 다음 각각 궁전을 가지고 대통지승 부처님께 받들어 올리며,

'오직 연민히 여기시어 저희들이 이익되도록, 저희가 드리는 궁전을 제발 받아 주시옵

소서!'

라고 말하였느니라.

당시 모든 범천왕들은 곧 대통지승 부처님 앞에서 일심으로 소리를 맞추어 게송으로 사뢰었느니라.

'세존은 참으로 희유하사
가히 만나뵙기 어렵나니
한량없는 공덕을 갖추시고
능히 일체 중생들을 구호하시어,

하늘천신과 인간의 큰 스승으로
세간을 연민히 여기시매
시방의 모든 중생들이
널리 다 이익됨을 얻나이다.

저희들이 오백만억 세계에서
깊은 선정의 즐거움마저 버리고
여기에 온 뜻은
오로지 부처님께 공양하기 위한 것이오니,

저희들의 지난 세상 복력으로
그나마 장엄하게 꾸며진 궁전을
이제 세존께 받들어 올리건대
제발 어여삐 여기시고 받아 주시옵소서!'

그때 동방의 모든 범천왕들은 게송으로 부처님을 찬탄하고 나서 각각 이렇게 말하였느니라.

'오직 원하옵건대, 세존이시여!

법륜을 굴리시어 중생을 제도하여 해탈되게 하시고, 열반의 길을 열어 주시옵소서!'

당시 동방의 모든 범천왕들은 일심으로 소리를 맞추어 게송으로 말씀드렸느니라.

'세상의 으뜸이신 양족존이시여!
오직 원하옵건대 법을 연설하시어
크게 자비하신 힘으로써
고통받는 중생들을 제도하여 주시옵소서!'

그때 대통지승여래께서는 말없이 이를 허락하셨느니라.

또 모든 비구들아!

동남방의 오백만억 세계에 있는 모든 대범

천왕들도 각각 자기 궁전의 광명이 예전에 없이 찬란하게 빛나는 것을 보고는, 환희에 젖어 뛸 듯이 기뻐하며 아주 희유하게 여기고 각기 서로 찾아가서 함께 이 일에 대해 의논하였느니라.

당시 그 대중 가운데 이름을 '대비'라고 하는 어느 대범천왕이 있었는데, 그가 여러 범천 대중들을 위하여 게송으로 말하였느니라.

'이것은 무슨 인연으로
이러한 상서가 나타나는 것일까?
우리들 모든 궁전에
이토록 밝은 광명 비친 적 한 번도 없었거늘,

대덕이 하늘에 나시려는가?
부처님께서 세상에 출현하시려는가?
일찍이 이런 현상을 본 적이 없었나니
마땅히 일심으로 함께 찾아보세.

천만억의 나라를 지나더라도
광명의 인연을 찾아 함께 알아보세.
아마도 부처님께서 세상에 나오시어
고통받는 중생들을 제도하시려는 건 아닐까?'

그때 동남방의 오백만억 세계에 있는 범천왕들은 궁전과 함께 각각 옷자락에 온갖 하늘 꽃들을 가득 담아 가지고, 다 같이 서북쪽으로 날아가 이 상서를 찾아보았느니라. 그러다가 대통지승여래께서 도량의 보리수나무 아래 사자좌에 앉으셨는데, 여러 하늘천신과 용왕 및 건달바·긴나라·마후라가 같이 사람인 듯 하면서 아닌 이들에게 공손히 둘러싸여 계신 것을 보았느니라. 그리고 열여섯 명의 왕자들이 부처님께 법륜을 굴려달라면서 가르침을 간청하는 것도 보았느니라.

이에 즉시 동남방의 모든 범천왕들은 머리 숙여 부처님께 예배하고, 그 주위를 백천 번 돌면서 하늘꽃으로써 부처님 머리 위에 뿌렸느니라. 그러자 부처님께 뿌린 꽃들이 수미산처럼 높이 쌓였으며, 아울러 부처님께서 앉으신 보리수나무에도 공양하였느니

라. 이렇게 꽃공양을 다 마친 다음에 각각 궁전을 가지고 대통지승 부처님께 받들어 올리며,

'오직 연민히 여기시어 저희들이 이익되도록, 저희가 드리는 궁전을 제발 받아 주시옵소서!'

라고 말하였느니라.

당시 모든 범천왕들은 곧 대통지승 부처님 앞에서 일심으로 소리를 맞추어 게송으로 사뢰었느니라.

'하늘 가운데 왕이신 성주이시여!
가릉빈가 맑은 음성으로
중생들을 가엾이 여기시는 분께

저희들 이제 공손히 절하옵나이다.

세존께서는 참으로 희유하사
오랜 세월 흐른 뒤에야 한 번 나타나시니
그 동안 백팔십 겁의 긴 세월만 부질없이 흘러
부처님 계시지 아니하매,

삼악도는 붐비고 하늘천신 무리는 줄었으나
이제 부처님께서 세상에 출현하시어
중생들 위해 안목이 되어주시니
참으로 세간 중생들이 귀의할 곳입니다.

일체 중생들을 구호하시며
중생들의 아버지가 되시어
가엾이 여기시고

이익되게 하시는 분이시여!

저희들은
지난 세상의 복력으로
경사스럽게도 이제 다행히
세존을 만나뵙게 되었나이다.'

그때 모든 범천왕들은 게송으로 부처님을 찬탄하고 나서 저마다 이렇게 말하였느니라.

'오직 원하옵건대, 세존이시여!

일체 중생들을 가엾이 여기시고 법륜을 굴리시어, 중생들을 제도하여 해탈되게 하옵소서!'

당시 동남방의 모든 범천왕들은 일심으로

소리를 맞추어 게송으로 말씀드리되,

'큰 성인께서는 법문을 설하사
모든 법의 특성을 나타내 보이시고
고통받는 중생들을 제도하여
큰 기쁨과 즐거움 얻게 하옵소서!

중생들이 불법을 듣게 된다면
도를 얻거나 하늘에 태어나서
모든 악도는 줄어들 것이고
인욕하는 착한 이들은 늘어나리다.'

그때 대통지승여래께서는 말없이 이를 허락하셨느니라.

또 모든 비구들아!

남방의 오백만억 세계에 있는 모든 대범천왕들도 각각 자기 궁전의 광명이 예전에 없이 찬란하게 빛나는 것을 보고는, 환희에 젖어 뛸 듯이 기뻐하며 아주 희유하게 여기고 각기 서로 찾아가서 함께 이 일에 대해 의논하였느니라.

'무슨 인연으로써 우리들 궁전에 이토록 밝은 광명이 비치는 것일까?'

당시 그 대중 가운데 이름을 '묘법'이라고 하는 어느 대범천왕이 있었는데, 그가 여러 범천 대중들을 위하여 게송으로 말하였느니라.

'우리들의 모든 궁전을 비추는
차마 위엄스럽도록 찬란한 광명은
아무런 까닭 없이 비치는 법이 없나니
따라서 마땅히 이 상서를 찾아보세.

백천 겁의 긴 세월 동안에
일찍이 이런 상서 한 번도 본 적 없나니,
대덕이 하늘에 나시려는가?
아니면 부처님께서 세상에 출현하시려는
가?'

그때 남방의 오백만억 세계에 있는 범천왕들은 궁전과 함께 각각 옷자락에 온갖 하늘 꽃들을 가득 담아 가지고, 다 같이 북쪽으로 날아가 이 상서를 찾아보았느니라. 그러다가 대통지승여래께서 도량의 보리수나무 아래 사자좌에 앉으셨는데, 여러 하늘천신과 용왕 및 건달바·긴나라·마후라가 같이 사람인 듯하면서 아닌 이들에게 공손히 둘러싸여 계신 것을 보았느니라. 그리고 열여섯 명의 왕자들이 부처님께 법륜을 굴려달라면서 가르침을 간청하는 것도 보았느니라.

이에 즉시 남방의 모든 범천왕들은 머리 숙여 부처님께 예배하고, 그 주위를 백천 번 돌면서 하늘꽃으로써 부처님 머리 위에 뿌렸느니라. 그러자 부처님께 뿌린 꽃들이 수미산처럼 높이 쌓였으며, 아울러 부처님께서 앉으신 보리수나무에도 공양하였느니라. 이렇게 꽃공양을 다 마친 다음에 각각

궁전을 가지고 대통지승 부처님께 받들어 올리며,

'오직 연민히 여기시어 저희들이 이익되도록, 저희가 드리는 궁전을 제발 받아 주시옵소서!'

라고 말하였느니라.

당시 모든 범천왕들은 곧 대통지승 부처님 앞에서 일심으로 소리를 맞추어 게송으로 사뢰었느니라.

'진정 만나뵙기 어려운 세존,
모든 번뇌 깨뜨리신 분이시여!
백삼십 겁이나 지난 다음 이제서야 한 번
친견하니

목마르고 주린 모든 중생들이 법비로써 충만 해지나이다.

일찍이 예전에 보지 못했던
한량없이 지혜로우신 분이시여!
마치 우담발화 꽃을
오늘에야 만난 듯하나이다.

저희들의 모든 궁전들이
광명을 받아 찬란하게 꾸며졌으니
세존이시여, 대자비로
오직 원컨대 받아 주시옵소서!'

그때 모든 범천왕들은 게송으로 부처님을 찬탄하고 나서 각각 이렇게 말하였느니라.

'오직 원하옵건대, 세존이시여!

법륜을 굴리시어 모든 세상의 여러 하늘천신과 마구니와 범천 그리고 사문과 바라문들을 다 안락하게 하시고 제도하여 해탈되게 하옵소서!'

당시 남방의 모든 범천왕들은 일심으로 소리를 맞추어 게송으로 말씀드리기를,

'오직 원컨대 하늘과 사람 중 가장 높은 분이시
여!
위없이 높은 법의 바퀴 굴리시어
큰 가르침의 북을 치시고
큰 가르침의 소라를 부시며,

큰 법비를 두루 내리시어
한량없는 중생들을 제도하여 주시옵소서!
저희들 모두 귀의하여 청하옵나니
마땅히 깊고 심오한 음성으로 법을 설해 주시옵소서!'

그때 대통지승여래께서는 말없이 이를 허락하셨느니라.

서남방과 하방도 또한 이와 같았느니라.

그때 상방의 오백만억 세계에 있는 대범천왕들도 모두 자기가 머물고 있는 궁전의 광명이 예전에 없이 찬란하게 빛나는 것을 직접 보고는, 환희에 젖어 뛸 듯이 기뻐하며 아주 희유하게 여기고 각기 서로 찾아가서 함께 이 일에 대해 의논하였느니라.

'무슨 인연으로써 우리들 궁전에 이토록 밝은 광명이 비치는 것일까?'

당시 그 대중 가운데 이름을 '시기'라고 하는 어느 대범천왕이 있었는데, 그가 여러 범천 대중들을 위하여 게송으로 말하였느니라.

'지금 무슨 까닭으로써
우리들의 모든 궁전들에
일찍이 이토록 장엄하게 빛난 적 없는
위덕 찬란한 광명이 눈부시게 빛나는 것일까?

이와 같이 아름다운 상서로움은
예전에는 듣도 보도 못했거늘,

대덕이 하늘에 나시려는가?

아니면 부처님께서 세상에 출현하시려는가?'

그때 상방의 오백만억 세계에 있는 범천왕들은 궁전과 함께 각각 옷자락에 온갖 하늘꽃들을 가득 담아 가지고, 다 같이 아래쪽으로 날아가 이 상서를 찾아보았느니라. 그러다가 대통지승여래께서 도량의 보리수나무 아래 사자좌에 앉으셨는데, 여러 하늘천신과 용왕 및 건달바·긴나라·마후라가 같이 사람인 듯하면서 아닌 이들에게 공경히 둘러싸여 계신 것을 보았느니라. 그리고 열여섯 명의 왕자들이 부처님께 법륜을 굴려달라면서 가르침을 간청하는 것도 보았느니라.

이에 즉시 상방의 모든 범천왕들은 머리 숙여 부처님께 예배하고, 그 주위를 백천 번 돌면서 하늘꽃으로써 부처님 머리 위에 뿌렸느니라. 그러자 부처님께 뿌린 꽃들이 수미산처럼 높이 쌓였으며, 아울러 부처님께서 앉으신 보리수나무에도 공양하였느니라. 이렇게 꽃공양을 다 마친 다음에 각각 궁전을 가지고 대통지승 부처님께 받들어 올리며,

'오직 연민히 여기시어 저희들이 이익되도록, 저희가 드리는 궁전을 제발 받아 주시옵소서!'

라고 말하였느니라.

당시 모든 범천왕들은 곧 대통지승 부처님 앞에서 일심으로 소리를 맞추어 게송으로 사뢰었느니라.

'부처님 뵙다니, 아 얼마나 다행인가!
세상 고통을 구원하시는 대성존께서
능히 삼계의 감옥에서
힘써 모든 중생들을 건져내시나니,

넓고 큰 지혜의 천인존께서
뭇 중생들을 연민히 여기시어
능히 감로의 문을 여시고
널리 일체 중생들을 제도하여 주시나이다.

지난 옛날 한량없이 오랜 겁 동안에
부처님 없이 그냥 세월만 보냈나니
세존께서 세상에 나오시지 않자
시방세계는 항상 어두웠고,

삼악도는 늘어만 갔으며
아수라 역시 치성하여
하늘천신 무리들은 점점 줄어들고
죽어서는 흔히들 악도에 떨어졌나이다.

부처님으로부터 법을 듣지 못하여
항상 나쁜 일만 저지르므로
육체의 힘과 지혜도 저절로 다 감소했거늘
죄업인연으로 기쁨과 즐거운 생각조차 모두
잃고,

삿된 법에 머물러서
올바른 예의와 법칙도 알지 못한 채
부처님의 교화를 입지 못하여
항상 악도에 떨어졌나이다.

부처님께서는 세간의 눈이 되사
세월이 오래 흐른 뒤에 출현하시거늘,
모든 중생들 가엾이 여기시어
일부러 세상에 나오시나이다.

세상 욕망 초월하여 정각을 이루시니
저희들 너무 기뻐 경사스러워 하며
나머지 다른 일체 중생들까지도
일찍이 없던 일이라 기뻐하고 찬탄하나이다.

저희들의 모든 궁전들이
광명을 받아 장엄스럽기에
이제 세존께 드리오니
오직 연민히 여기시어 받아 주시옵소서!

원하옵건대 이 공덕
널리 일체 중생들에게 미치어
저희들과 모든 중생들이
다 함께 불도를 이루어지이다!'

그때 오백만억의 모든 범천왕들이 게송으로 부처님을 찬탄하고 나서 저마다 부처님께 사뢰었느니라.

'오직 원하옵건대, 세존이시여!

법륜을 굴리시어 많은 중생들이 안락하고 해탈되게 하옵소서!'

당시 상방의 모든 범천왕들이 게송으로 말씀드리기를,

'세존이시여!
법륜 굴리시고 감로의 법고를 치시어
고통받는 중생들 제도하사
열반의 길을 열어 보여 주시옵소서!

부디 저희들 간청을 받아 주시어
부처님의 크고 훌륭하신 음성으로써
중생을 가엾이 여기사
한량없는 겁 동안 익히신 법을 가르쳐 주시옵

소서!'

그때 대통지승여래께서는 시방의 모든 범천왕들과 열여섯 왕자들의 청을 받으시어, 사제의 가르침을 세 차례 굴려서 열두 가지 수행의 법륜을 설하셨느니라. 이는 사문이나 바라문·하늘천신·마왕·범천 그리고 나머지 세간의 어떤 누구도 굴릴 수 없는 가르침이었느니라. 이른바 이것은 괴로움이요, 이것은 괴로움의 원인이며, 이것은 괴로움이 없어진 열반이고, 이것은 괴로움 없는 열반에 이르는 길이니라.

그리고 널리 십이인연법을 설하셨느니라. 즉 무명이 조건이 되어 행이 있게 되고, 행이 조건이 되어 인식하게 되며, 인식이 조건이 되어 명색이 생기고, 명색이 조건이 되어 여섯 군데 인식기관이 생겨나며, 여섯 군데 인식기관이 조건이 되어 접촉하게 되고, 접촉이 조건이 되어 느낌이 생기며, 느낌이 조건이 되어 갈애가 생기고, 갈애가 조건이 되어 집착이 생기며, 집착이 조건이 되어 생존에 대한 본능이 생기게 되고, 생존에 대한 본능이 조건이 되어 태어나게 되며, 태어남이 조건이 되어 늙고 죽음으로 인한 근심과 슬픔 등 갖가지 고통들이 생겨나게 되느니라. 따라서 무명이 없어지면 곧 행이 사라지고, 행이 없어지면 인식이 사라지며, 인식이 없어지면 명색이 사라지고, 명색이 없어지면 여섯 군데 인식기관이 사라지며, 여섯 군데 인식기관이 없어지면 접촉이 사라지고, 접촉이 없어지면 느낌이 사라지며, 느낌이 없어지면 갈애가 사라지고, 갈애가 없어지면 집착이 사라지며, 집착이 없어지면 생존에 대한 본능이 사라지고, 생존에 대한 본능이 없어지면 태어남이 사라지며, 태어남이 없어지면 늙고 죽음으로 인한 근심과 슬픔 등 온갖 고통들이 사라지게 되느니라.

대통지승 부처님께서 하늘천신과 인간 대중 가운데에서 이 가르침을 연설하셨을 때에 육백만억 나유타 사람들이 일체 세간법에 영향을 받지 않았기에, 모든 번뇌에서 마음이 해탈하게 되었느니라. 그래서 모두 깊고 미묘한 선정과 삼명과 육신통을 얻었고 팔해탈을 구족하였느니라. 두 번째와 세 번째 그리고 네 번째 설법하셨을 때에도, 천만억 항하의 모래알처럼 많은 나유타 중생들이 역시 일체 세간법에 영향을 받지 않았기에 모든 번뇌에서 마음이 해탈하였느니라. 그 후로도 해탈한 모든 성문대중들은 한량없고 그지없어 이루 다 헤아릴 수 없을 정도였느니라.

그때 열여섯 명의 왕자들이 모두 동자로서 출가하여 사미가 되었는데, 모든 근기가 총명하고 영리하였으며 지혜가 밝았느니라. 그들은 이미 옛날부터 백천만억 분의 부처님들께 공양하였고, 깨끗이 범행을 닦아 아뇩다라삼막삼보리를 구했었느니라.

그 열여섯 명의 사미들이 함께 부처님께 사뢰었느니라.

'세존이시여! 이 한량없는 천만억의 덕 높은 성문제자들이 벌써 다 법을 성취하였나이다.

세존이시여! 그러하오니 또한 마땅히 저희들을 위하여 아뇩다라삼막삼보리법을 가르쳐 주시옵소서! 저희들이 듣고 나면 다 같이 세존의 가르침을 열심히 닦고 배울 것입니다.

세존이시여! 저희들은 마음으로 간절히 여래의 지혜를 원하옵나이다. 부처님께서는 저희들이 마음속 깊이 생각하는 바에 대해

더 잘 아시지 않습니까?'

당시 전륜성왕이 데리고 왔던 대중 가운데 팔만억이나 되는 사람들이 열여섯 왕자들이 모두 출가하는 것을 보고, 따라서 출가하고자 하였느니라. 이에 전륜성왕은 곧 그들의 출가를 허락하였느니라.

그때 대통지승 부처님께서 사미들의 청을 받고, 이만 겁이 지난 뒤에 사부대중 가운데에서 대승경을 설하시니 이름을 묘법연화경이라 하였느니라. 그 경은 보살들을 가르치는 법으로, 부처님께서 호념하시는 바이니라.

부처님께서 경을 다 설하시고 나자, 열여섯 명의 사미들은 아뇩다라삼먁삼보리를 위하여 다 같이 법화경을 받아 지니고 읽고 외워서 통달하였느니라.

대통지승 부처님께서 이 법화경을 설하셨을 때에 열여섯 명의 보살경지에 오른 사미들이 모두 가르침을 믿고 받아들였으며, 성문대중에서도 믿고 이해하는 사람들이 더러 있었느니라. 그렇지만 나머지 다른 천만억 무리의 중생들은 모두 의심을 품었느니라.

대통지승 부처님께서는 이 묘법연화경을 팔천 겁 동안이나 설하시며 잠시도 쉬지 않으셨느니라. 이윽고 부처님께서 경전을 다 설하신 다음, 고요한 방에 들어가시어 팔만사천 겁 동안을 선정에 머무셨느니라.

그 당시 보살경지에 오른 열여섯 명의 사미들은 부처님께서 방에 들어가시어 고요히 선정에 드신 것을 알고는, 각각 법좌에 올라가 역시 팔만사천 겁 동안 사부대중을 위해 묘법연화경을 자세히 해설하고 분별하였느니라. 그래서 보살 한 분마다 모두 똑같이 육백만억 나유타 항하의 모래알처럼 많은 중생들을 제도하고 가르쳐서 이롭고 기쁘게 하였으며, 그들로 하여금 위없이 높고 바른 깨달음을 이루고자 하는 마음을 내도록 하였느니라.

대통지승 부처님께서 팔만사천 겁이 지난 다음 삼매로부터 일어나시어 법좌에 편안히 앉으시자마자 말씀하시기를,

'이 열여섯 명의 보살사미들은 참으로 희유하니라. 모든 근기가 총명하고 영리하며 지

혜가 밝을 뿐만 아니라, 이미 한량없는 천만 억 수의 모든 부처님들께 공양하였느니라. 그리고 모든 부처님들 처소에서 항상 범행을 닦아 부처님의 지혜를 받아 간직하였으며, 중생들에게 지혜를 열어 보여 그 가운데 들어 가도록 인도했느니라.

그러므로 너희들은 마땅히 자주 친근히 모시며 공양드려야 하느니라. 왜냐하면 성문이나 벽지불 그리고 보살들이 열여섯 명의 보살사미들이 설하는 경전의 가르침을 믿고 받아 지니어 훼방하지 않는다면, 모두 마땅히 아뇩다라삼먁삼보리 곧 여래의 지혜를 얻을 수 있기 때문이니라.'

하고 널리 대중들에게 이르셨느니라."

석가모니 부처님께서 모든 비구들에게 다시 이르시었다.

"그 열여섯 명의 보살들은 항상 이 묘법연화경 설하기를 좋아하여, 보살 한 분마다 교화한 중생들이 육백만억 나유타 항하의 모래알처럼 많은 중생들이었느니라. 그 중생들은 모두 세세생생 태어날 적마다 보살사미들과 함께 태어나서, 그 보살들로부터 법을 듣고 모두 다 가르침을 믿고 이해하였느니라. 이러한 인연으로써 사만억 분의 여러 부처님 세존을 만나 뵈었으며, 지금까지도 아직 그 인연이 다하지 않았느니라.

모든 비구들아!

내가 이제 너희들에게 이르건대, 대통지

승 부처님의 제자 열여섯 명의 사미들이 지금은 모두 아뇩다라삼먁삼보리를 얻었느니라. 그리하여 시방세계에서 현재에도 계속 설법하고 계시며, 한량없는 백천만억 보살들과 성문들을 권속으로 삼고 계시느니라.

그 가운데 두 사미가 동방에서 부처님이 되셨으니, 한 분은 환희세계의 아촉불이시며 다른 한 분은 수미정불이시니라. 동남방에서도 두 사미가 부처님이 되셨으니, 한 분은 사자음불이시고 다른 한 분은 사자상불이시니라. 남방에서도 두 사미가 부처님이 되셨으니, 한 분은 허공주불이시고 다른 한 분은 상멸불이시니라. 서남방에서도 두 사미가 부처님이 되셨으니, 한 분은 제상불이시고 다른 한 분은 범상불이시니라. 서방에서도 두 사미가 부처님이 되셨으니, 한 분은 아미타불이시고 다른 한 분은 도일체세간고뇌불이시니라. 서북방에서도 두 사미가 부처님이 되셨으니, 한 분은 다마라발전단향신통불이시고 다른 한 분은 수미상불이시니라. 북방에서도 두 사미가 부처님이 되셨으니, 한 분은 운자재불이시고 다른 한 분은 운자재왕불이시니라. 그리고 동북방에서 부처님 되신 분은 괴일체세간포외불이시고, 열여섯 번째 부처님은 바로 나 석가모니불로 사바세계에서 아뇩다라삼먁삼보리를 이루었느니라.

모든 비구들아!

우리들이 사미로 있었을 때 각각 한량없는 백천만억 항하의 모래알처럼 수많은 중생들을 교화하였느니라. 그들은 우리들로부터 법을 듣고 아뇩다라삼먁삼보리를 이루기 위해 노력하고 있지만, 지금도 성문지위에 머물러 있는 자들이 더러 있느니라. 그러나 우리가 항상 아뇩다라삼먁삼보리를 이루도록 교화하니, 마침내 그 사람도 응당 이 법을 통해서 천천히 불도에 들어가리라. 왜냐하면 여래의 지혜는 믿기도 어렵고 알기도 어렵기 때문이니라. 그때 교화 받았던 한량없는 항하의 모래알처럼 많은 중생들은 지금 너희 비구들과 내가 열반한 뒤 미래 세상의 성문제자들이니라.

그런데도 내가 열반한 뒤에 어떤 제자는 이 법화경을 듣지 못해 보살이 닦아야 할 바를 알아차리거나 깨닫지 못한 채, 스스로 얻은 공덕에 대하여 멸도라는 관념 속에서 열반에 들고자 할 것이니라. 그러면 나는 다른 세계에서 또 다른 이름을 가지고 성불하리라. 그래서 비록 그 사람이 멸도라는 관념 속에서 열반에 들었을지라도, 다른 세계에서 부처님의 지혜를 구하여 이 묘법연화경을 듣게 하리라. 이를테면 '오직 일불승만이 멸도를 얻게 하며 다른 승으로는 멸도를 얻게 할 수 없도다. 하지만 모든 여래께서 방편으로 설법하신 것만은 예외니라.'라는 법문을 들으리라.

모든 비구들아!

만약 여래께서 스스로 열반하실 때가 되셨고, 대중들 또한 청정하여 이해하고 믿는 마음이 견고하며 공의 가르침을 통달해서 선정이 상당히 깊어진 것을 파악하시게 되면 말이다. 그러면 문득 여래께서는 모든 보살들과 성문들을 모아놓고, 그들을 위하여 이 묘법연화경을 설하시느니라. 즉 '세상에서 이승으로는 절대로 멸도를 얻을 수 없으며, 오직 일불승만이라야 멸도를 얻게 할 수 있느니라.'라고 말씀하시느니라.

비구들아, 마땅히 잘 유념해야 하느니라. 여래는 방편으로 중생들의 성품 가운데 깊이 들어가, 중생들이 마음으로 소승법을 좋아하고 다섯 가지 욕망에 탐착한 상태임을 알고 계시느니라. 그래서 그들을 위하여 일부러 열반을 설했던 것인데, 어리석은 사람들이 그걸 듣고는 진짜 열반으로 믿고 받아들였던 것이니라.

가령 오백 유순이나 되는 험난한 악도에 인적마저 끊기어 겁나고 무시무시한 밀림이 있다고 하자. 그런데 많은 대중들이 그 길을 지나서 진귀한 보물이 있는 곳으로 가려고 하는데, 마침 한 인도자가 있었느니라. 그는 총명한 지혜로 밝게 꿰뚫어보아 밀림 속 험한 길의 막히고 통하는 사정까지 잘 살피며, 여러 사람들을 거느리고 그 어려운 곳을 지나가고 있었느니라. 그런데 따라가던 사람들

이 중도에 하도 지치고 싫증이 나서 인도자에게 말하기를,

'저희들은 너무 피곤하고 게다가 겁나고 두렵기까지 해서, 더 이상 한 발짝도 앞으로 나갈 수 없습니다. 더욱이 아직 가야 할 길은 멀기만 하니, 이제 그만 되돌아가는 것이 좋겠습니다.'

여러 가지 방편을 많이 갖고 있던 인도자는 이렇게 생각하였느니라.

'참으로 불쌍한 사람들이로다! 어찌하여 크고도 진귀한 보배를 버리고 되돌아가려고 생각한단 말인가!'

이렇게 생각하고는 방편의 힘으로써 험난한 길 가운데 삼백 유순 정도 떨어진 곳에다,

한 성곽을 변화로 지어놓고 여러 사람들에게 말하였느니라.

'여러분! 두려워하지 말고, 되돌아가지 마십시오!

이제 저기 큰 성에서 잠시 중단한 채 쉬고 싶은 만큼 마음껏 쉽시다! 저 성에 들어가면 아주 즐겁고 안락하답니다. 그러다 만일 아까처럼 앞에 있는 보물섬에 가고자 하면 또 언제든 다시 가면 되는 것이구요.'

당시 피로에 지쳐 있던 사람들은 마음으로 크게 환희하며, 일찍이 없던 희유한 일이라 찬탄하였느니라.

'우리들은 이제 지긋지긋한 악도를 벗어나서 즐거운 안락을 얻게 되었도다!'

이리하여 대중들은 눈앞에 있는 변화로 된 성 안으로 들어가게 되었는데, 이미 밀림을 다 벗어나서 최종 목적지에 도착했다고 생각하며 안심하였느니라.

그때에 인도자는 사람들이 푹 쉬어서 더 이상 피로하지 않은 상태가 되었음을 살핀 다음, 곧 변화로 만든 성을 없애버리고 여러 사람들에게 말하였느니라.

'여러분, 어서 갑시다! 조금만 가면 보물섬이 나옵니다.

아까 그 큰 성은 진짜가 아니라 내가 변화로 만들었던 것입니다. 여러분들을 쉬어가게 하기 위해서 거짓으로 만들었던 것입니다.'

모든 비구들아!

여래도 또한 이와 같아서 지금 너희들을 위하여 큰 인도자가 되었느니라. 그리하여 생사번뇌의 협악한 길들이 참으로 험난하기도 하고 멀기도 하지만, 반드시 통과해야만 하고 건너야만 하는 길임을 익히 알고 있느니라. 그런데 만약 중생이 다만 일불승의 가르침만 듣게 된다면 너무 어려워 부처님을 뵈려고 하거나 아예 가까이 모시려고도 하지 않은 채 단순히 생각하기를,

'불도는 멀고멀어서 오랫동안 고행을 해야만 부처가 될 수 있나보다.'

하고 지레 겁을 먹어서 쉽게 포기하고 말 것이니라.

부처님께서는 중생들 마음이 겁 많고 나약

하며 하열함을 아시고, 방편의 힘으로써 중도에 쉬게 하기 위해 일부러 이승의 두 가지 열반 경지를 설하시느니라. 그러다 만일 중생이 이승의 열반 경지에 오르게 되면 여래는 그때가 되어서야 말하느니라.

'너희들은 아직 할 일을 다 하지 못하였도다.

너희들이 머물러 있는 경지는 부처님 지혜에 근접하기는 했으나, 아직 좀 더 관찰하고 헤아려야만 하느니라.

너희들이 얻은 열반은 진실한 열반이 아니고, 다만 여래가 방편력으로 일불승을 분별하여 삼승으로 설했던 것이니라. 마치 저 인도자가 쉬게 하려고 큰 성을 변화로 만들었다가, 휴식이 끝난 것을 알고는 「보물이 아주 가까이 있어요. 이 성은 실제 있는 것이 아니고 내가 변화로 만들었을 따름이지요」라고 말했던 것과 같은 경우니라.'

라고 여래는 그들을 위해 일러주느니라."

그때 세존께서 거듭 의미를 표현하시고자 게송으로 말씀하셨다.

대통지승 부처님
십 겁 동안 도량에 앉으셨으나
부처님 법이 앞에 나타나지 않아서
불도를 이루지 못하셨도다.

모든 하늘천신과 용왕
아수라 대중들

항상 하늘꽃을 가지고 꽃비 내려서
그분께 공양 올렸으며,

천신들은 하늘북을 두둥둥~ 울리고
여러 가지 악기들을 연주함은 물론,
향기로운 바람이 시든 꽃을 날려버리고
갓 피어난 고운 꽃잎을 흩날렸도다.

그렇게 십 소겁이 지나고 나서야
불도를 이루셨으니
모든 하늘천신과 세상 사람들
마음으로 뛸 듯이 다 함께 기뻐했도다.

대통지승 부처님의 열여섯 왕자들이
천만억 권속들에게 둘러싸인 채

부처님 계신 데 이르러 머리 숙여 부처님
발에 예배하고
법륜을 굴려달라고 간청하기를,

'거룩하신 스승님!
법비를 내리시어
저희들과 일체 중생들을
충만케 하옵소서!'

세존 뵈옵기 심히 어려워
오랜 세월 지난 뒤에야 한 번 나타나시며
뭇 중생들 깨닫게 하기 위하여
일체를 진동시키시거늘,

동방으로

오백만억 많은 세계
범천의 궁전마다 광명이 비치되
예전에 없이 찬란한지라.

동방의 모든 범천왕들
이 상서로움 보고 찾아나서
마침내 대통지승 부처님 계신 데 이르러
꽃을 뿌려 공양하며 궁전도 받들어 올리고,

부처님께 법륜 굴려주시기를 간청하며
게송으로 찬탄하였으나
부처님께서는 아직 때가 되지 않았음을 아시고
청을 받으신 채 말없이 앉아 계셨도다.

남방 서방 북방의 세 방위와 네 간방과

상방 하방의 모든 범천왕들도 마찬가지로
꽃을 뿌려 공양하고 궁전을 받들어 올리며
부처님께 법륜 굴려주시기를 간청하되,

'세존이시여! 만나 뵙기 심히 어려우니
원하옵건대 본래의 대자비로써
널리 감로문을 여시고
위없이 높은 법륜 굴리어 설법해 주시옵소
서!'

한량없는 지혜의 세존께서
그 많은 여러 대중들의 청을 받으시자
그들을 위해 갖가지 가르침들
곧 사제와 십이인연법 펼치시기를,

'무명에서 노사에 이르기까지
다 생으로부터 인연하여 있는 것이니,
이와 같은 여러 근심과 우환에 대해
너희들은 응당히 잘 알아야 하느니라.'

이 법문 연설하실 때
육백만억해의 엄청난 대중들이
모든 괴로움 다 여의고
아라한이 되었으며,

두 번째 설법하실 때에도
천만 항하의 모래알처럼 많은 대중들이
일체 세간법에 영향 받지 아니하매
또한 아라한을 얻었고,

나중에 도를 얻은 이들까지 거론하자면
그 수효 참으로 한량없어
설사 만억 겁 동안을 헤아리더라도
그 끝을 알 수 없을 만큼 많았도다.

당시 열여섯 명의 왕자들
출가해서 사미가 되어
모두 함께 대통지승 부처님께
지극한 마음으로 간청하되,

'대승의 가르침을 연설해 주시옵소서!
그래서 저희들과 같이 온 수행원들도
모두 마땅히 불도를 이루어
부디 세존처럼 제일 맑은 혜안을 얻어지이다!'

부처님께서 동자들의 마음을 아시고
또 지난 세상 닦았던 일들도 아시므로
한량없는 인연과 여러 가지 비유로써
육바라밀과 각종 신통한 일들 말씀하셨으며,

진실한 법과
보살이 닦아야 할 도를 분별하시어
항하의 모래알처럼 수많은 게송으로
이 법화경을 설하셨도다.

대통지승 부처님께서 법화경을 다 설하신
다음
고요한 방에서 선정에 드신 채
일심으로 팔만 사천 겁 동안을
한 자리에 앉아 계시자,

그 모든 사미들은 부처님께서
선정에 드시어 나오시지 않을 것임을 알고
무량억 중생들을 위하여
위없이 높은 부처님의 지혜를 일러주었거늘,

각각 법좌에 앉아서
이 대승경전을 설하였음은 물론이고
부처님께서 고요히 입적하신 뒤에도
잘 선양하여 법으로 중생교화를 도왔도다.

그리하여 한 사미마다 똑같이 제도한 중생들
대통지승불 열반하신 뒤에 가르침 들었던
육백만억 항하의 모래알처럼 많은 무리들이
부처님 세계 곳곳마다 항상 스승과 같이 태어
났도다.

그 열여섯 명의 사미들
불도를 구족하게 닦아
지금 현재 시방세계에서
각각 정각을 이루셨으니,

그 당시 가르침 들었던 자들도
각기 그 부처님들 처소에 있는데
그들 중 성문에 머물러 있는 자마저
점차 불도로써 교화되도다.

나도 열여섯 왕자 가운데 한 사람으로
또한 일찍이 너희들을 위하여 설법했나니
그러므로 방편으로써 너희들을 인도하여
부처님 지혜로 나아가게 했으며,

이런 지난 세상의 인연으로써
내 지금도 법화경을 설하여
너희들로 하여금 불도에 들게 하는 것이니
너무 놀라거나 두려워하지 말라.

예를 들어 어떤 인적 없고
독사와 맹수만 드글거리며
게다가 먹을 만한 물이나 채소도 아예 없는
두렵기 짝이 없는 험악한 밀림이 있다고 하자.

무수한 천만 대중들이
그 험악한 길을 지나가려는데
길이 너무 멀고 아득하여
자그마치 오백 유순이나 되건만,

마침 당시에 한 인도자가 있어
아는 것도 많고 지혜로우며
명료하고 마음가짐이 확고하여
험한 곳에서 온갖 어려움을 극복해 나가거늘,

그런데 여러 사람들이 모두 피로하고 지쳐서
인도자에게 말하기를,
'우리들은 정말 피곤해 죽겠어요.
이쯤에서 그만 되돌아가렵니다.'

인도자가 생각하되,
'참으로 불쌍한 무리로다.
어찌하여 그렇게 진귀한 보배들을
포기하고 되돌아가려는가!'

즉시 방편을 생각하고는
마땅히 신통력을 써서
변화로 큰 성곽을 만들고
모든 저택들을 훌륭하게 장엄하거니,

주위에는 정원과 숲이 빙 둘러쳐 있고
흘러가는 시냇물과 맑은 연못이며
안팎의 이중 대문과 높은 누각 위에는
남자 여자들이 잔뜩 모여 살게 하였도다.

이렇게 변화로 성을 만든 다음 대중을 위로하되,
'여러분! 이제 걱정마시고
이 성에 들어가시어
각기 쉬고 싶은 만큼 실컷 쉬세요!'

모든 사람들 성 안으로 들어가 보니
마음이 마냥 기쁜지라
모두 편안하고 안락하게 여기며
스스로 밀림을 다 통과했다고 생각하였도다.

충분히 휴식하고 나서
인도자가 사람들을 모아놓고 이르기를,
'여러분, 이제 앞으로 조금만 더 갑시다!
이곳은 변화로 만들어진 가짜 성일 따름입니다.

여러분이 하도 피곤해 하며 중도에서 되돌아 가려기에
일부러 방편의 힘으로써 변화로 이 성을 만들었답니다.
여러분, 이제 조금만 더 부지런히 나아간다면

틀림없이 함께 보물섬에 닿게 될 것입니다.'

나도 또한 그와 마찬가지로
일체 중생들의 인도자가 되어
구도자들이 중도에 게으름피고 싫증내며
생사번뇌의 험한 밀림 속을 통과하지 못하는
걸 보고는,

일부러 방편의 힘으로써
잠시 쉬게 하려고 열반을 설하되,
'너희들의 괴로움이 소멸되면
그것으로 해야 할 바를 다 마친 셈이로다!'

이윽고 너희들이 열반의 상태에 이르러
모두들 아라한 경지에 오른 것을 알고는

비로소 이에 대중들을 모아서
진실한 법을 설하노라.

모든 부처님들께서 방편력으로
분별하여 삼승을 설하시지만,
사실은 오직 일불승만 있을 뿐인데
잠깐 쉬게 하려고 이승을 설하신 것이니라.

이제 너희들을 위하여 진실을 말하리니
너희들이 얻은 것은 진짜 열반이 아니로다.
그러니 부처님의 일체지를 얻기 위해서
마땅히 크게 정진하려는 마음을 낼지어다.

너희들이 일체지와
십력 등의 불법을 증득하고

삼십이상을 두루 갖추어야만
이에 진짜 열반이라 할 수 있느니라.

인도자이신 모든 부처님께서는
잠시 쉬게 하려고 이승의 열반을 설하시나,
휴식이 다 끝난 줄 알게 되면
부처님의 지혜로 이끌어 인도하시느니라.

묘법연화경 제四권

제8 오백제자수기품

그때 미다라니의 아들 부루나는 부처님으로부터 지혜로운 방편으로 근기에 맞게 설법하신다는 말씀을 직접 들었고, 또 여러 큰 제자들에게 주시는 아뇩다라삼먁삼보리의 수기 내용에 대해서도 들었다. 더욱이 지난 과거 세상의 인연 이야기를 들었으며, 또 모든 부처님들은 크게 자재하신 신통력을 갖추셨다는 말씀을 들었다. 그리하여 부루나는 일찍이 없던 희유함을 느끼며, 마음이 깨끗하고 순수해져서 뛸 듯이 좋아하였다. 그는 곧 자리에서 일어나 부처님 앞에 나아가 머리 숙여 부처님 발에 절하였다. 이윽고 한 쪽으로 물러나 부처님의 거룩하신 얼굴을 우러러 보며, 잠시도 눈을 떼지 않은 채 이렇게 생각하였다.

'세존께서는 매우 훌륭하시며 특별하시어, 하시는 바도 역시 아무나 흉내낼 수 없도다. 세상의 여러 근기에 맞게 방편과 지혜로써 설법하여, 중생들이 곳곳에서 집착하는 것을 빼내 건져주시도다. 우리들은 감히 부처님의 공덕에 대해 이루 다 말할 수 없으며, 오직 부처님 세존만이 우리들의 마음속 깊이 자리

한 근본 서원까지도 능히 아실 수 있도다.'

그때 부처님께서 모든 비구들에게 이르시었다.

"너희들은 미다라니의 아들 부루나를 보고 있느냐?

나는 항상 그를 설법하는 사람들 중에서 제일 설법을 잘한다고 칭찬했으며, 또한 늘 그의 여러 가지 공덕들을 찬탄하였느니라. 곧 부지런히 정진해서 나의 가르침을 보호하고 지키며 나를 도와 법을 연설하고 펼쳐서, 능히 사부대중에게 잘 보여주고 가르쳐 이롭고 기쁘게 하느니라. 그래서 부처님의 바른 법을 정확하게 이해하고 풀이하여, 함께 청정히 수행하는 도반들에게 많은 도움을 주느니라. 그리하여 여래를 제외하고는 어느 누구도 그 언론의 변재를 당해낼 만한 자가 없느니라.

너희들은 부루나가 비단 나의 가르침만을 보호하고 지키며 나를 도와 법을 연설하여 펼친다고 말하면 안 되느니라. 그는 지난 과거세상 구십억 여러 부처님들 처소에서도 부처님의 정법을 보호하고 지켰으며, 부처님을 도와 정법을 연설하여 펼쳤느니라. 그래서 당시 설법하는 사람들 중에서도 역시 가장 설법을 잘하였느니라. 또 모든 부처님들께서 말씀하신 공법에 대해 명료하게 통달했으며 사무애지를 얻어서, 항상 상세하고 청정히 설법하여 의혹이 없게 하였느니라.

그리고 보살의 신통력을 구족하여 목숨이 다하도록 언제나 범행을 닦았나니, 그 부처님 나라의 사람들이 전부 '이분이야말로 참다운 성문'이라고 말할 정도였느니라.

따라서 부루나는 이러한 방편으로써 한량없는 백천 명의 중생들을 이롭게 하였고, 또 한량없는 아승기 수효의 사람들을 교화해서 아뇩다라삼먁삼보리를 이루도록 하였느니라. 다시 말해 부처님 세계를 깨끗이 하기 위해 끊임없이 부처님 일을 하며 중생들을 교화하였느니라.

모든 비구들아!

부루나는 또한 과거 일곱 부처님 시절에도 그 설법하는 사람들 가운데에서 제일이었으며, 지금 나의 처소에서도 설법하는 사람들 중에 역시 제일이니라. 게다가 현겁 가운데 앞으로 오실 많은 부처님들 처소에서 설법하는 사람들 가운데 역시 또 제일이어서, 불법을 보호하고 지키며 적극적으로 펼치리라. 또한 미래에도 한량없고 그지없는 모든 부처님들의 법을 보호하고 지키며 부처님을 도와 법을 연설하고 펼쳐서, 무량한 중생들을 교화하여 이롭게 하고 그들로 하여금 아뇩다라삼먁삼보리를 이루게 하리라. 곧 부처님 세계를 깨끗이 하기 위해 늘 부지런히 정진하며 중생들을 가르쳐서 교화하리라.

부루나는 이렇게 점점 보살도를 구족하고 한량없는 아승기의 오랜 세월을 지나서, 마땅히 여기 사바세계에서 아뇩다라삼먁삼보리를 얻으리라. 부처님의 이름은 법명여래·응공·정변지·명행족·선서·세간해·무상사·조어장부·천인사·불세존이니라. 그 법명 부처님은 항하의 모래알처럼 수많은 삼천대천세계들을 가지고 하나의 세계로 만드시리라. 칠보로 땅이 되고 땅은 또 손바닥처럼 평탄하여, 산등성이나 계곡·도랑·골짜기 따위가 일절 없는 데다 칠보로 만든 큰 전각들이 그 안에 가득하리라. 게다가 여러 하늘나라 궁전들이 허공 가까이에 있어서, 인간과 천상이 서로 쳐다볼 수 있을 정도로 인접해 있으리라. 일체 악도가 없고 또한 여인도 없으며, 그곳의 모든 중생들은 전부 변화로 태어나서 음욕이란 것은 아예 없으리라. 따라서 그들은 큰 신통을 얻은 채, 몸은 광명으로 찬란히 빛나며 공중을 자유롭게 날아다니리라. 더욱이 그들은 뜻이 견고하여 부지런히 정진하는 데다가 지혜로우리니, 전부 황금빛 몸에다 삼십이상의 거룩한 상호가 저절로 장엄되어 갖춰져 있으리라.

그 세계의 중생들은 항상 두 가지 음식만 먹나니, 첫째는 법의 기쁨에서 오는 음식이요, 둘째는 선정의 기쁨에서 오는 음식이니라. 그 세계에는 한량없는 아승기 천만억 나유타의 수많은 보살들이 있는데, 큰 신통력과 사무애지를 얻어서 여러 중생 무리들을 잘 교화하리라. 또한 성문들은 숫자로 계산

할 수 없을 만큼 많이 있으리니, 모두 육신통과 삼명 및 팔해탈 등을 갖추고 있으리라.

그 부처님 세계는 이와 같이 한량없는 공덕으로 성취되어 장엄스러우리니, 시대의 이름은 보명이며 세계의 이름은 선정이니라. 그 법명 부처님의 수명은 한량없는 아승기겁의 오랜 세월이고, 가르침도 세상에 아주 오랫동안 남아 있으리라. 그리고 법명 부처님께서 열반하신 후에는 온 나라에 부처님의 칠보탑이 가득 세워지리라."

그때 세존께서 거듭 의미를 표현하시고자 게송으로 말씀하셨다.

모든 비구들은 자세히 들을지니,

부처님 제자가 닦는 도업이란
방편을 잘 배웠기에
가히 생각으로 짐작할 수 없도다.

소승법만 즐기는 중생들이
큰 지혜 꺼려하는 줄 알고는
그러기에 모든 보살들 스스로 성문·연각 되어
무수한 방편으로써 여러 중생 무리를 교화하되,

자기도 여태 성문이라서 불도 이루려면
아직도 한참 멀었다고 말하면서
한량없는 중생들 제도하여
모두 깨달음을 성취케 하도다.

그래서 소승만 원하고 대승을 게을리 하더라도

그들도 차츰차츰 틀림없이 성불하게 하되,
안으로는 은밀히 보살행을 감추고
밖으로는 그냥 성문으로 행세하도다.

소승을 원하여 생사윤회를 싫어하는 듯하나
실은 부처님 세계를 저절로 깨끗이 하려는
것이니,
그래서 중생들에게 삼독 지닌 범부로도 보이고
또 삿된 견해의 외도 모습으로 나오기도 하도다.

나의 성문 제자는 이와 같이
절묘한 방편으로 중생들을 제도하거늘,
만약 갖가지 변화로 나툰 일까지 죄다 말한다면
중생들이 듣고는 마음으로 의심을 품게 되리라.

지금 이 부루나는
옛날 천억 분의 부처님들 처소에서
닦아야 할 도를 부지런히 닦았으며
모든 불법을 잘 펼치고 수호하였나니,

위없이 높은 지혜 구하기 위해
여러 부처님들 처소에서도
가장 으뜸가는 상수 제자였으며
많이 들어 박식하였고 지혜로웠도다.

설법함에 두려움이 없었고
대중들로 하여금 환희롭게 함은 물론이며
본인도 일찍이 설법하는 것을 싫증내지 않았나니
이렇게 하여 부처님의 교화사업을 도왔도다.

그래서 그는 벌써 위대한 신통력을 얻었고
사무애지를 갖춤과 동시에
여러 근기들의 총명하고 우둔함을 잘 알아서
언제나 청정한 법을 설하거늘,

참되고 깊은 뜻을 유창하게 연설하여
여러 천억 대중들을 교화하고
대승의 가르침에 머물게 해서
저절로 부처님 세계를 정화시키도다.

미래 세상에도 또한
무량무수한 부처님들께 공양할 것이며
정법을 지키고 널리 펼쳐서
역시 부처님 세계를 저절로 청정하게 하되,

항상 여러 방편을 가지고
두려움 없이 설법하여
헤아릴 수 없는 중생들을 제도하고
일체지를 이루게 하리라.

부루나는 모든 부처님들께 공양하며
법보장을 받들어 지키다가
그 후에 성불하리니
부처님 이름은 법명불이니라.

세계의 이름은 선정이고
칠보로 모든 것이 이루어져서
시대의 이름조차 보명이거늘
보살들이 매우 많아서,

그 수효 한량없는 수천억으로
모두 다 위대한 신통력과
위엄스런 덕의 힘까지 두루 갖추어
그 세계에 가득 충만하며,

성문들도 또한 수없이 많아서
삼명과 팔해탈 그리고
사무애지 얻은 능력 있는 이들로
승가가 구성되리라.

그 세계 모든 중생들은
음욕이 아예 다 끊어져서
순일하게 변화로만 태어나되
좋은 상호를 두루 갖추어 몸을 장엄하며,

법의 기쁨과 선정의 즐거움만 음식으로 먹을 뿐
다시 다른 음식에 대해서는 생각조차 없고
여인들도 원래 없는 데다가
일체 악도마저 없으리라.

부루나 비구는 공덕을 원만히 성취하여
마땅히 이러한 정토를 얻으리니
거룩한 성인들이 매우 많으리라.
이 같이 한량없는 일들을 내 지금 줄여서
말했노라.

그때 마음이 자재한 천이백 명의 아라한들이 이렇게 생각하였다.

'우리들은 정말 환희하여 일찍이 없던 희유

함을 느끼게 되었도다. 그런데 만일 세존께서 다른 큰 제자들에게 수기 주신 것처럼, 우리들에게도 각기 수기를 내려주신다면 얼마나 좋겠는가!'

부처님께서는 아라한들이 마음속으로 생각하는 바를 아시고 마하가섭에게 이르시었다.

"여기 천이백 명의 아라한들에게 내가 이제 마땅히 눈앞에서 차례로 아뇩다라삼먁삼보리의 수기를 주리라.

이 대중 가운데 나의 큰 제자 교진여 비구는 마땅히 육만이천억 부처님들을 공양한 후에 성불하리라. 부처님 이름은 보명여래·응공·정변지·명행족·선서·세간해·무상사·조어장부·천인사·불세존이니라. 그리고 오백 명의 아라한에 해당되는 우루빈나가섭·가야가섭·나제가섭·가루타이·우타이·아누루타·이바다·겁빈나·박구라·주타·사가타 등도 다 마땅히 아뇩다라삼먁삼보리를 얻으리라. 그리고 그들도 모두 똑같이 이름을 보명불이라 하리라."

그때 세존께서 거듭 의미를 표현하시고자 게송으로 말씀하셨다.

교진여 비구는 앞으로
한량없는 부처님 뵈옵고
아승기 겁의 오랜 세월 지나
등정각을 이루리라.

항상 큰 광명이 빛나고 모든 신통 구족하매
명성이 온 시방에 드날려져 일체 중생들 공경
받으며
언제나 위없이 높은 진리를 설하리니
그러므로 부처님 이름도 보명불이니라.

그 세계 청정하고
보살들은 모두 용맹하여
다함께 멋진 누각을 타고
여러 시방세계 다니면서,

위없이 좋은 공양물로써
여러 부처님들께 공양을 받들어 올리나니
이렇게 공양드린 다음엔 큰 환희에 젖어
찰나에 본국으로 돌아오는 이런 신통력 있으

리라.

보명 부처님의 수명은 육만 겁이며
정법이 세상에 머무는 기간은 수명의 두 배이고
상법이 세상에 머무는 기간 역시 정법의 두
배이거늘
법이 소멸하게 되면 하늘천신과 사람 모두
슬퍼하리라.

여기 있는 오백 명 비구들도
차례로 성불하여 똑같이
이름을 보명불이라 부르고
돌아가며 서로서로 수기를 주되,

'내가 열반한 뒤에는

앞으로 아무개가 성불하리니,
그 부처님께서 교화하시는 세상 역시
오늘날의 내 세상과 똑같으리라.'

그 부처님 세계의 장엄함과 깨끗함
모든 신통력과 보살이나 성문들
정법과 상법 또 수명의 길고 짧음 등도
앞서 말한 내용과 전부 똑같으리라.

가섭아, 너도 알다시피 오백 명의 마음 자재한 아라한들과
그 나머지 다른 성문들의 미래도 역시 또 이와 같으리니,
여기 이 자리에 참석하지 못한 자들에게는
네가 마땅히 말해 주도록 하여라.

그때에 오백 명의 아라한들은 부처님 앞에서 친히 수기를 받고 뛸 듯이 좋아하였다. 이윽고 곧 자리에서 일어나 부처님 앞에 나아가 머리 숙여 부처님 발에 절하고 참회하면서 말하였다.

"세존이시여! 저희들은 항상 '이미 궁극의 완전한 열반을 얻었다'고 생각했나이다. 그런데 이제 와서 알고 보니 참으로 어리석은 소견이었습니다. 왜냐하면 저희들은 응당 여래의 지혜를 얻을 수 있었는데도, 스스로 작은 지혜에 만족해버렸기 때문입니다.

세존이시여!

예를 들어 어떤 가난한 사람이 친구네 집에 갔다가 술에 취해 잠이 들었습니다. 이때 마침

친구는 관청 일로 나가보게 되었습니다. 친구는 값으로 따질 수 없이 귀한 보배구슬을 술에 취해 잠이 든 친구의 안 호주머니 속에 넣어주고 떠났습니다. 그렇지만 가난한 사람은 술에 취해 잠이 들어서 전혀 알아차리지 못하였답니다. 이윽고 잠에서 깨어난 그는 일어나서 걸식하며 돌아다니다가, 어느덧 다른 나라에까지 구걸하러 떠돌게 되었습니다. 의식을 해결하기 위해 부지런히 애를 쓰기는 했지만, 고생이 이만저만 아니었습니다. 그리하여 혹 조금이라도 얻게 되면 곧 그것으로써 아주 만족하게 여기곤 하였습니다.

그러다 나중에 얼마인가 지나서 보배를 줬던 친구와 다시 만나게 되었습니다. 친구

가 그에게 말하기를,

'이 한심한 사람 좀 보게나!

어찌 옷과 밥을 얻어먹느라 이 지경이 되었단 말인가!

내가 예전에 자네로 하여금 오욕락을 즐기며 편히 살게끔 하고자, 아무 해 몇 월 며칠날에 값으로 따질 수 없이 귀한 보배구슬을 자네 옷 안 호주머니 속에 넣어주지 않았던가. 아마 지금도 그대로 있을 걸세. 자네는 그것도 모르고 이리 고생하며 궁색하게 살고 있으니, 어휴 정말 바보가 따로 없지 않은가!

자네는 지금 당장이라도 이 보배를 팔아서 필요한 돈으로 바꾸도록 하게. 그래 언제나 쓰고 싶은 만큼 맘대로 쓰면서 행여 부족한

것이 없도록 하게나!'

부처님께서도 이와 같이 보살로 계셨을 때 저희들을 교화하시어, 저희들로 하여금 일체지 구하는 마음을 내게끔 하시었나이다. 그런데도 저희들은 곧 그것을 잊어버려서 알지 못하고 깨닫지도 못한 채, 이미 아라한도를 얻었으니 스스로 열반을 얻었다고 생각했나이다. 다시 말해 사는 것이 어려우니 적은 것을 얻고도 만족하게 여겼던 셈입니다. 하지만 일체지를 얻고자 하는 서원만은 아직도 그대로 남아 있어 완전히 잃어버린 것은 아닙니다. 따라서 지금 세존께서 저희들을 깨우치려고 말씀하시기를,

'모든 비구들아, 너희들이 얻은 것은 궁극

의 완전한 열반이 아니니라. 나는 오래 전부터 너희들로 하여금 부처님이 되는 선근을 심게 하려고 방편을 써서 일부러 열반의 상태만 보여줬을 뿐인데, 너희들은 실지로 열반을 얻은 줄로 착각하고 있구나!'

세존이시여! 저희들은 지금에야 참된 보살로 아뇩다라삼먁삼보리의 수기를 받았다는 걸 비로소 확실히 알겠나이다. 이런 이유로 매우 크게 환희하며 일찍이 없던 희유함을 느끼옵니다."

그때 아야교진여와 오백 명의 다른 비구들이 거듭 의미를 표현하고자 게송으로 사뢰었다.

위없이 가장 편안하게

수기 주시는 부처님 음성을 듣사옵고,
저희들 환희로워 일찍이 없던 희유함을 느끼며
한없이 지혜로우신 부처님께 절하옵나이다.

지금 세존 앞에서 비로소 모든 잘못 참회하건대,
한량없는 부처님의 보배 가운데에서
열반의 일부분만 조금 얻고는
어리석고 무지한 사람처럼 스스로 만족해
버렸나이다.

예를 들어 가난한 사람이 친구집에 놀러갔는데
친구는 아주 큰 부자라서 온갖 음식으로 대접
하고
값으로 따질 수 없이 귀한 보배구슬을 안
호주머니에 넣어주고는

볼일이 있어 말없이 먼저 나가버렸나이다.

당시 그는 잠이 들어 알지 못한 채
깨어나 걸식하며 돌아다니다 외국에까지 나가
옷과 밥을 빌어 혼자 먹고사느라고
고생이 이만저만 아니었나이다.

그래서 형편없는 음식을 얻어도 만족해 하며
화려한 음식은 아예 원하지도 아니했나니,
안 호주머니 속에 값으로 따질 수 없이 귀한
그런 보배구슬이 있는 줄은 꿈에도 생각지
못했나이다.

구슬을 주었던 절친한 벗은
나중에 가난한 친구를 다시 만나게 되었는데

몹시 속상해 하며 책망하면서
그때 넣어줬던 구슬을 직접 꺼내 보여주자,

그 구슬을 본 가난한 친구
마음이 그야말로 크게 환희하여
모든 재물 부귀하게 갖추고는
오욕락을 마음껏 누리게 되었나이다.

저희들도 또한 이와 같아서
세존께서 기나긴 세월 동안
늘 저희를 가엾이 여기고 교화하시어
위없이 높은 깨달음의 원력을 세우게 하셨으나,

저희들이 지혜가 모자란 탓에
그것을 깨닫지 못하고 알지 못하여

열반의 일부분만 조금 얻고는
스스로 흡족해서 더 이상 구하려고도 하지
않았나이다.

지금 부처님께서 저희들을 깨우쳐
저희가 얻은 건 진짜 열반이 아니라고 말씀하
시며
부처님의 위없이 높은 지혜를 얻어야만
진짜 열반이라 하시고,

이제 부처님으로부터 친히
성불의 수기와 국토 장엄에 관한 내용
더욱이 차례대로 수기하리라는 말씀을 듣고는
저희들의 몸과 마음 기쁘고 즐겁기 한량없나
이다.

제9 수학무학인기품

그때 아난과 라후라가 이렇게 생각하였다.

'우리들도 매양 학수고대했던 것처럼 수기를 받을 수 있다면 얼마나 좋을까!'

이윽고 아난과 라후라는 곧 자리에서 일어나, 부처님 앞에 나아가 머리 숙여 부처님 발에 절하고는 함께 사뢰었다.

"세존이시여!

저희도 응당 수기를 받을 만한 몫이 조금은

있지 않을까 합니다. 저희들이 믿고 귀의할 대상은 오직 여래뿐이니까요. 게다가 저희들은 일체 세간의 하늘천신·인간·아수라들에게도 잘 알려져 있지 않습니까? 보시다시피 여기 아난은 항상 시자가 되어 법장을 수호하여 간직하고 있으며, 라후라는 바로 부처님의 친아들이니까요. 만약 부처님께서 저희에게 아뇩다라삼먁삼보리의 수기를 주신다면, 저희들의 소원이 만족하게 될 뿐더러 여러 사람들의 소망도 만족하게 될 것입니다."

그때 성문제자 가운데 이천 명의 유학인과 무학인들이 모두 자리로부터 일어나서, 오른쪽 어깨를 드러내고 부처님 앞으로 나아갔다. 그들은 모두 일심으로 합장한 채 세존을 우러러보며, 아난과 라후라와 같이 소원을 사뢰고 한 쪽으로 물러났다.

그러자 부처님께서 아난에게 이르시었다.

"너는 오는 세상에 반드시 성불하리니, 부처님 이름은 산해혜자재통왕여래·응공·정변지·명행족·선서·세간해·무상사·조어장부·천인사·불세존이니라. 앞으로 육십이억 많은 부처님들께 공양올리고, 부처님의 법문을 수호하여 지닌 다음에 아뇩다라삼먁삼보리를 얻으리라. 그리고 이십천만억 항하의 모래알처럼 무수히 많은 보살들을 교화하여 아뇩다라삼먁삼보리를 이루게 하리라.

그 세계의 이름은 상립승번이며, 그 땅은 청정하여 청보석의 유리로 땅이 되고 시대의 이름은 묘음변만이니라. 그 산해혜자재통왕 부처님의 수명은 한량없는 천만억 아승기 겁의 무량세월이니, 어떤 사람이 천만억 한량없는 아승기 겁 동안에 아무리 숫자로 헤아려 보려고 할지라도 전혀 알 수가 없느니라. 정법이 세상에 머무는 기간은 수명의 두 배가 되고, 상법이 세상에 머무는 기간은 다시 정법의 두 배가 되리라.

아난아! 산해혜자재통왕불은 시방세계 한량없는 천만억 항하의 모래알처럼 무수히 계시는 제불여래의 찬탄을 받는 동시에 그 공덕을 칭찬 받게 되리라."

그때 세존께서 거듭 의미를 표현하시고자 게송으로 말씀하셨다.

내가 이제 대중들에게 말하건대
법을 잘 기억하는 아난은
앞으로 많은 부처님들께 공양드린 다음
그 후에 정각을 이루리라.

부처님 이름은 산해혜자재통왕불이며
그 세계 청정하여 상립승번이라 부르고
많은 보살들을 교화하리니
그 수효 항하의 모래알처럼 많으리라.

그 부처님 큰 위덕 갖추시어
명성이 시방에 가득 차되
수명도 한량없이 길거니
중생을 불쌍히 여기시기 때문이니라.

정법은 수명의 두 배가 되고
상법은 다시 정법의 두 배가 되어
항하 모래알처럼 무수히 많은 중생들이
그 부처님 법 가운데에서 불도의 인연을 심으리라.

그때 모임 가운데 처음 발심한 팔천 명의 보살들이 모두 이렇게 생각하였다.

'다른 대보살들도 이와 같이 성불할 것이라고 수기 받는 것을 우리들은 한 번도 듣지 못하였도다. 그런데 무슨 사연으로 한낱 성문 따위가 이와 같이 성불한다는 증명을 받는 것일까?'

그때 세존께서 여러 보살들이 마음속으로

생각하는 바를 아시고 말씀하셨다.

"여러 선남자들이여!

나와 아난은 똑같이 공왕 부처님 처소에서 동시에 아뇩다라삼먁삼보리심을 일으켰었느니라. 아난은 항상 가르침을 많이 듣는 것만 좋아했지만, 나는 늘 부지런히 정진하고 수행하였느니라. 그래서 나는 벌써 아뇩다라삼먁삼보리를 이루었으되, 아난은 여전히 나의 가르침만 지키며 기억하고 있느니라. 또한 미래 여러 부처님들의 법문도 잘 지켜서, 많은 보살대중들을 교화하고 성취케 하리라. 그의 근본서원이 이와 같으므로 이런 수기를 받게 된 것이니라."

아난은 부처님 앞에서 직접 수기를 받고,

그 세계의 장엄스런 모습에 대해서도 들었다. 이렇게 원하던 바가 달성되자 아난의 마음은 크게 환희하여 일찍이 없던 희유함을 느꼈다. 그리하여 즉시 과거의 한량없는 천만억 모든 부처님들의 법문까지 다 기억해내어 통달하게 되니, 마치 지금 막 듣는 것처럼 하나도 막힘이 없었다. 그리고 자신이 처음 세웠던 근본서원이 무엇인지 분명히 알게 되었다.

그때 아난이 게송으로 사뢰었다.

세존 매우 희유하사
저로 하여금 과거의 한량없는
모든 부처님들 가르침을 생각나게 하시니

마치 지금 당장 듣고 있는 듯하나이다.

저는 이제 전혀 의심 없이
불도의 깨달음에 안주하게 되었으나
방편으로 시자가 되어
모든 부처님 법을 지키고 기억하오리다.

그때 부처님께서 라후라에게 이르시었다.

"너는 오는 세상에 반드시 성불하리니, 부처님 이름은 도칠보화여래·응공·정변지·명행족·선서·세간해·무상사·조어장부·천인사·불세존이니라.

앞으로 십 세계의 먼지 티끌수처럼 많은 부처님 여래께 다 공양 올릴 것이며, 또 지금

내 아들이 된 것처럼 언제나 그 모든 부처님들의 맏아들로 태어나리라.

도칠보화 부처님 세계의 장엄과 수명 겁수·교화할 제자들과 정법·상법 등에 관한 것은 산해혜자재통왕여래와 똑같으리라. 뿐만 아니라 산해혜자재통왕 부처님의 맏아들로도 태어날 것이니, 그 시기를 지난 다음에 마땅히 아뇩다라삼먁삼보리를 얻으리라."

그때 세존께서 거듭 의미를 표현하시고자 게송으로 말씀하셨다.

내가 태자로 있을 적에
라후라가 나의 맏아들이더니,
내가 지금 불도를 이루매

법을 받고 법의 아들이 되었도다.

앞으로 미래 세상에
무량억 부처님들을 친견할 것이며
모두 그 부처님들의 맏아들로 태어나
일심으로 불도를 구하리라.

라후라의 은밀한 수행은
오직 여래인 나만이 다 알 수 있나니
현재는 나의 맏아들로 태어나
여래의 아들로 중생들에게 보이지만,

그의 숨겨진 무량 억천만 공덕들은
가히 헤아릴 수 없거늘
부처님 가르침에 안주하여

위없이 높은 진리를 구하도다.

그때 세존께서 이천 명의 유학인과 무학인들의 마음이 부드럽고 고요하며 청정한 데다, 일심으로 부처님을 우러러보는 것을 살피시고 또 아난에게 이르시었다.

"너는 저 이천 명의 유학인과 무학인들을 보고 있느냐?"

"예, 아까부터 보고 있습니다."

"아난아! 저 사람들은 마땅히 오십 세계의 먼지 티끌수처럼 많은 부처님 여래들께 공양 올리고, 공경히 존중하며 법문을 지키고 간직하리라. 그러다가 윤회의 마지막 몸으로 한꺼번에 시방세계에서 제각기 성불하리라.

부처님 이름은 모두 똑같이 보상여래·응공·정변지·명행족·선서·세간해·무상사·조어장부·천인사·불세존이니라.

그 부처님들의 수명은 일 겁이며, 세계의 장엄과 성문·보살 그리고 정법·상법의 기간 등도 전부 다 똑같으리라."

그때 세존께서 거듭 의미를 표현하시고자 게송으로 말씀하셨다.

지금 내 앞에 서 있는
이천 명의 성문들에게
모두 다 수기를 주리니
미래에 반드시 성불하리라.

그들이 공양할 여러 부처님들
앞서 말한 대로 먼지 티끌수처럼 많지만
그 부처님들 법장을 수호하여 지니다가
나중에 마땅히 정각을 이루리니,

저마다 시방세계에서
모두 동일한 이름으로
한 날 한 시 도량에 앉아
위없이 높은 지혜 증득하리라.

부처님들 이름은 모두 보상불이며
세계와 제자들
정법과 상법도
전부 똑같으리니,

모두 다양한 신통으로써
시방 중생들 두루 제도하매
명성이 널리 퍼지고
그러다 점차 열반에 들리라.

그때에 이천 명의 유학인과 무학인들이 부처님께서 주시는 수기 내용을 듣자, 환희하여 뛸 듯이 좋아하며 게송으로 사뢰었다.

지혜의 등불이신 세존께서
직접 수기 주시는 음성을 들으니,
저희들 마음 환희 충만하여
마치 감로수를 마신 듯하나이다.

제10 법사품

그때 세존께서는 약왕보살을 비롯한 팔만 명의 여러 대보살들에게 이르시었다.

"약왕보살이여! 그대는 이 대중 가운데에서 한량없는 하늘천신·용왕·야차와 건달바·아수라·가루라·긴나라·마후라가 같이 사람인 듯하면서 아닌 이들과 성문을 구하거나 벽지불을 구하거나 불도를 구하는 비구·비구니·우바새·우바이들을 보고 있느냐? 이와 같은 무리들이 다 부처님 앞에서 묘법연화경의 한 게송이나 한 구절을 듣고, 하다못해 한 생각 찰나라도 따라서 기뻐한다면 내가 전부 수기를 주리니 반드시 아뇩다라삼막삼보리를 얻으리라."

부처님께서 약왕보살에게 계속 이르시었다.

"또 여래가 열반한 뒤에 누구라도 묘법연화경을 듣되, 심지어 한 게송이나 한 구절을 듣고 한순간 찰나라도 따라서 기뻐한다면 마찬가지로 내가 그에게 아뇩다라삼막삼보리의 수기를 주리라.

또 가령 어떤 사람이 묘법연화경에서 그 중의 한 게송이라도 받아 지니고 읽고 외우며 남을 위해 설명해주고 베껴 쓴다고 하자.

뿐만 아니라 이 경책을 부처님과 같이 소중히 생각하여 꽃과 향·영락·가루향·바르는 향·사르는 향·비단일산·깃발·의복과 악기 등 여러 가지로 공양하고 하다못해 합장이라도 해서 공경한다면, 약왕보살이여! 마땅히 잘 명심하여라. 그 모든 사람들은 이미 일찍이 십만억 부처님들께 공양하였고 모든 부처님들 처소에서 대원을 성취하였으나, 중생을 불쌍히 여겨서 다시 이 인간세계에 태어난 자들이니라.

약왕보살이여!

'어떤 중생이 미래 세상에 반드시 성불하겠습니까?'라고 누군가 질문한다면, 응당 앞에서 언급한 이런 모든 사람들이 미래 세상에 반드시 성불한다고 대답하여라. 왜냐하면 가령 어떤 선남자 선여인이 법화경에서 그 중의 한 구절만이라도 받아 지니고 읽고 외우며 남을 위해 해설해주고 베껴 쓴다고 하자. 게다가 꽃과 향·영락·가루향·바르는 향·사르는 향·비단일산·깃발·의복·악기 등 여러 가지로 경책에 공양하고 합장하여 공경한다면, 그 사람은 모든 세상 사람들이 응당 우러러보고 받들어야 할 분이니라. 따라서 여래를 공양하듯이 그를 공양해야 하나니, 그 사람은 마땅히 대보살임을 유념하도록 해라. 즉 이미 아뇩다라삼막삼보리를 성취하였으나, 중생을 가엾이 여기어 원력으로 이 세상에 태어나 묘법연화경을 자세히 연설하며 분별하는 것이니라. 하물며 법화경 전체를 다 수지하여 읽고 외우며, 여러 가지로 공양 올리는 사람이야 두말할 것이 있겠느냐! 약왕보살이여, 마땅히 잘 명심하여라. 그 사람은 스스로 청정한 업보를 포기하고, 내가 열반에 든 뒤 후세의 중생들을 가엾이 여기어 오탁악세에 태어나 자세히 이 경전을 연설하는 것이니라.

만약 그 선남자 선여인이 내가 열반한 뒤에 가만히 한 사람을 위해 법화경에서 그 중의 한 구절만이라도 말해준다면, 마땅히 잘 새겨듣도록 해라. 그 사람은 곧 여래의 심부름꾼이며 여래가 보낸 자로서, 여래의 일을 하는 사람이니라. 하물며 대중 가운데에서 널리 많은 사람들을 위하여 설법하는 사람이야 더 말할 나위가 있겠느냐!

약왕보살이여!

만약 어떤 못된 사람이 나쁜 마음으로 일겁 동안 부처님 앞에 나타나서, 항상 부처님을 헐뜯고 욕할지라도 그 죄는 오히려 가볍다고 할 수 있으리라. 그러나 어떤 사람이 한마디라도 나쁜 말로써 법화경을 읽고 외우는 재가신도나 출가한 스님을 헐뜯고 비방한다면 그 죄는 훨씬 더 무거우니라.

약왕보살이여! 만일 어떤 이가 법화경을 읽고 외우면, 마땅히 잘 명심하여라. 그 사람은 부처님의 장엄구로써 스스로 장엄하는 것이나 마찬가지이니, 곧 여래께서 어깨에

업고 계신 셈이니라. 따라서 그가 가는 곳마다 응당 따라가서 예배하고, 일심으로 합장하며 공경히 공양하고 존중하며 찬탄해야 하느니라. 그래서 꽃과 향·영락·가루향·바르는 향·사르는 향·비단일산·깃발·의복·맛있는 음식물을 올리고 여러 악기들을 연주하여라. 즉 인간세상에서 구할 수 있는 최고 좋은 공양물로 그에게 공양하도록 하여라. 그리고 마땅히 하늘나라 보배를 가져다 뿌려 드리되, 천상의 보배산이라도 받들어 헌납해야 하리라. 왜냐하면 그 사람이 환희심으로 설법할 때에 잠깐이라도 그 법문을 듣게 되면, 마침내 아뇩다라삼먁삼보리를 얻게 되기 때문이니라."

그때 세존께서 거듭 의미를 표현하시고자 게송으로 말씀하셨다.

만약 부처님 경지에 머물러
자연 지혜를 성취하고 싶거든
항상 마땅히 성심껏
법화경 수지자를 공양하여라.

그 어떤 이가
일체종지를 빨리 얻고자 하거든
본인도 마땅히 법화경을 수지할 것이며
아울러 법화경 수지하는 다른 이도 공양하여라.

만약 누군가 능히 법화경을 수지하거든
마땅히 명심할지니,

그는 부처님의 심부름꾼으로
모든 중생들을 불쌍히 여기는 자이니라.

법화경을 수지하는 모든 이들은
청정한 불국세계를 버리고
중생을 가엾이 여겨서
이곳에 태어난 것이거늘,

마땅히 그런 사람들은
나고 싶은 데 자유자재하여
능히 이 오탁악세에서 상세히
위없이 높은 진리를 설법한다는 걸 명심하고,

하늘의 아름다운 꽃과 향
하늘나라 보배로 장식한 의복과

하늘의 훌륭하고 값진 보배들로써
설법하는 자에게 공양하여라.

내가 열반한 뒤 오탁악세에서
능히 법화경 수지하는 이에게
마땅히 합장하고 예배하되
세존께 공양 올리듯이 할지니,

맛있는 진수성찬
그리고 여러 가지 의복으로
그 불자에게 공양 올리고
잠깐이라도 법문을 듣도록 하여라.

만약 능히 후세에
이 경을 수지하는 이들은

내가 그들을 인간세계에 보내어
여래의 교화사업을 하도록 하는 것이니,

만약 일 겁 동안이나
항상 나쁜 마음먹고
성난 얼굴로 부처님 비방한다면
한량없는 중죄를 얻겠지만,

그 어떤 이가
법화경을 독송하며 수지하는 자를
잠깐이라도 욕한다면
부처님 욕한 죄보다 훨씬 더 무거우니라.

어떤 사람이 부처님 경지를 구하여
일 겁 동안을 합장한 채

내 앞에서
무수한 게송으로써 찬탄한다면,

부처님을 찬탄했기에
한량없는 공덕을 얻겠지만
법화경 수지자를 찬탄한다면
그 복이 훨씬 더 많나니,

팔십억 겁 동안
가장 좋은 물건과 찬송하는 말
그윽한 향·맛있는 음식·부드러운 의복으로
법화경 수지자를 공양하여라.

이와 같이 공양하고 나서
잠시 잠깐 법문을 듣더라도

스스로 매우 기뻐하며
'내 지금 엄청난 이익을 얻었다' 할지니,

약왕보살이여,
지금 그대에게 말하건대
내가 설한 많은 경전들 가운데
법화경이 가장 제일이로다.

그때 부처님께서 다시 약왕 보살마하살에게 이르시었다.

"내가 설하는 경전들은 자그마치 무량 천만억 가지로 과거에 이미 설했으며, 현재에 설하고 있을 뿐 아니라 미래에도 설할 것이니라. 그러나 그 가운데에서 이 법화경이 가장 믿기 어렵고 이해하기도 어려우니라.

약왕보살이여, 이 경전은 모든 부처님들께서 비밀히 간직하시는 요긴한 법장이니라. 그러므로 아무렇게나 퍼뜨려서 함부로 사람들에게 전하지 말지어다. 이는 모든 부처님 세존께서 수호하시는 가르침으로, 예로부터 여태껏 완전히 드러내어 설한 적이 없었느니라. 왜냐하면 이 경전은 여래가 눈앞에 버젓이 살아있어도 원망과 질시가 많기 때문이니, 하물며 여래가 열반한 뒤에는 오죽이나 비방하는 소리들이 많겠느냐!

약왕보살이여, 마땅히 잘 명심하여라. 여래가 열반한 뒤에 이 경을 써서 지니고 읽고 외우며 공양하고 다른 사람을 위해 설명해주는 이는 여래가 곧 옷자락으로 감싸주며, 또 현재 다른 세계에 계시는 모든 부처님들께서도 보호해 주시느니라. 그 사람은 큰 믿음의 힘과 서원의 힘과 선근의 힘이 있나니, 마땅히 잘 명심하여라. 그 사람은 여래와 함께 거주하며, 여래가 손으로 그의 머리를 쓰다듬어 주시느니라.

약왕보살이여!

이 경을 설하거나 읽거나 외우거나 쓰거나 하여 어디든 이 경책이 있는 모든 곳에는 당연히 칠보탑을 세워야 하느니라. 그런데 높고 넓게 탑을 조성하여 장엄하게 꾸미되, 굳이 사리를 모실 필요까지는 없느니라. 왜냐하면 경책 속에는 이미 여래의 전신이 모셔

져 있기 때문이니라. 따라서 그 탑에 마땅히 온갖 꽃과 향·영락·비단일산·깃발 그리고 각종 악기들을 연주하며, 노래와 찬송으로 공양하고 공경하며 존중히 찬탄해야 하느니라. 만약 누군가 그 탑을 보고 예배하고 공양한다면, 그 사람들은 모두 아뇩다라삼먁삼보리에 가까워졌음을 명심하도록 해라.

약왕보살이여!

흔히 보살도를 닦고자 하는 재가 신도나 출가한 스님이, 만일 이 법화경을 보고 듣고 읽고 외우며 써서 간직하지 않고 공양하지 않는다면 마땅히 잘 명심하여라. 그 사람은 보살도를 제대로 잘 닦지 못하고 있는 자이니라. 그에 반해 누군가 이 경전을 듣고 읽는 자가 있다면 그 사람이야말로 능히 보살도를 제대로 잘 닦고 있는 자이니라. 부처님의 깨달음을 구하는 어떤 중생이 법화경을 보거나 듣고, 들은 뒤에는 믿고 이해하며 수지한다면, 그는 분명 아뇩다라삼먁삼보리에 가까워졌음을 각별히 명심하도록 하여라.

약왕보살이여!

가령 어떤 사람이 목이 말라서 물을 구하느라 저 높은 언덕에서 우물을 파내려 가고 있다고 하자. 그런데 여전히 마른 흙만 보게 된다면, 물이 아직 멀리 있다고 짐작하게 마련이니라. 하지만 계속 공들여 포기하지 않고 파내려 간다면 젖은 흙이 나오는 걸 보게 되리라. 점점 더 파서 마침내 질척질척한 진흙탕이 나오게 되면, 그 사람은 마음속으로 물이 곧 나올 것을 분명히 알게 되리라.

보살도 또한 그와 같아서 이 법화경을 아직 듣지 못한 상태이고 이해하지 못한 상태이며 닦아 나갈 수 없는 상태라면, 마땅히 명심하여라. 그런 사람은 아뇩다라삼먁삼보리를 이루려면 아직도 한참 멀었느니라. 그러나 만약 법화경을 듣고 이해하며 깊이 사색하여 닦아 나간다면 틀림없이 아뇩다라삼먁삼보리에 가까워졌음을 알게 되리라. 왜냐하면 모든 보살들이 얻으려는 아뇩다라삼먁삼보리가 모두 이 법화경 속에 설해져 있기 때문이니라. 다시 말해 이 경은 방편문을 열고

진실한 모습을 보여주느니라. 따라서 법화경의 가르침은 그 의미가 분명하고 심오하다 못해 너무 아득하고 멀어서 누구도 능히 그 경계를 쉽게 파악할 수 없느니라. 그렇지만 이제 부처님은 보살들을 교화하여 깨달음을 성취시키고자, 보살들을 위해 그 가르침을 열어 보여주느니라.

약왕보살이여!

만일 어떤 보살이 이 법화경을 듣고 놀라서 의심하며 두려워한다면, 그 자는 발심한지 얼마 안 된 보살임에 틀림없느니라. 그러나 성문 지위에 있으면서 이 경을 듣고 놀라서 의심하며 두려워한다면, 그 사람은 깨닫지 못하고도 깨달은 체하는 증상만자임에 틀림

없으니 잘 유념하도록 하여라.

약왕보살이여!

만약 어떤 선남자 선여인이 여래가 열반한 뒤에 사부대중을 위하여 이 법화경을 설하고자 한다면 어떻게 설해야 하는가? 그 선남자 선여인은 여래의 방에 들어가서 여래의 옷을 입고 여래의 자리에 앉아, 사부대중을 위해 자세히 이 경을 설해야 하느니라. 여래의 방이란 일체 중생들에 대하여 크게 자비한 마음이며, 여래의 옷이란 부드럽고 온화한 인욕의 마음이고, 여래의 자리란 모든 법의 공한 경지가 그것이니라. 따라서 그런 조건 속에 편안히 머문 뒤에 게으른 마음 없이 여러 보살들과 사부대중을 위하여 상세하게 이 법화경을 설해야 하느니라.

약왕보살이여!

내가 다른 세계에서 변화로 된 사람을 보내어 설법하는 자를 위해 가르침 들을 만한 대중들을 모이게 하리라. 또한 변화로 된 비구·비구니와 우바새·우바이를 보내어 그의 설법을 듣도록 하리라. 변화로 된 모든 사람들은 가르침을 들으면 믿고 잘 받아들이며 어기지 않고 순응하리라.

그리고 만약 설법하는 자가 아무도 없는 한적한 곳에 있다면, 내가 하늘천신과 용·귀신·건달바·아수라 등을 두루 보내어 그의 설법을 듣게 하리라. 또 내가 비록 다른 세계에 있더라도 때때로 설법하는 자로 하여금 나의 몸을 보게끔 할 것이며, 만약 암송하다가 경의 구절을 잊어버리면 내가 그에게 돌아가서 가르쳐주고 완벽하게 외우도록 하리라."

그때 세존께서 거듭 의미를 표현하시고자 게송으로 말씀하셨다.

모든 게으른 생각 없애려고 노력하며
응당 이 법화경을 들어야 하나니,
이 경은 듣기도 어렵지만
믿고 받아들이기 또한 어렵기 때문이니라.

마치 누군가 목말라 물을 구하여
높은 언덕에서 우물을 파되

물기 없는 마른 흙만 보게 되면
물이 나오려면 아직 멀었다고 알기 마련이나,

점점 축축한 흙과 진흙탕을 보게 되면
물이 곧 나올 것임을 확실히 짐작하게 마련이듯
약왕보살이여,
마땅히 잘 명심하여라.

이와 같이 모든 사람들이
법화경을 듣지 못하면
부처님 지혜 얻기가
매우 아득한 일이나,

성문 소승법의 한계를 명확히 밝혀낸
이 깊은 경전이야말로

경전들 중의 왕이란 말씀을 듣고 깊이 사색한다면
이들은 부처님 지혜에 거의 다다른 상태임을 유념하라.

만약 누군가 이 경을 설하려면
응당 여래의 방에 들어가 여래의 옷을 입고
여래의 자리에 앉아 대중 가운데에서
두려움 없이 널리 분별하여 자세히 설할지니,

대자비로 방을 삼으며
부드럽고 온화한 인욕의 옷을 입고
모든 법이 공한 경지를 법좌로 삼아
그런 조건 속에서 중생을 위해 설법하되,

만약 이 경을 설할 때
어떤 사람이 나쁜 말로 욕하며
칼과 작대기·기와·돌로 때리더라도
부처님 생각하고 응당 참아야 하느니라.

나도 천만억 세계에서
깨끗하고 견고한 몸 나타내어
무량억 겁 동안 한량없이
중생 위해 설법하리니,

내 열반한 뒤에 이 경전을 설하는 이에게는
변화로 된 비구·비구니와 청신사·청신녀 보내어
법사를 공양하도록 하며
많은 중생들 인도하고 소집하여 법을 듣게

하리라.

만일 누군가 법사에게 나쁜 마음먹고
칼과 몽둥이·기와·돌로 해치려고 한다면
즉시 변화로 된 사람 보내어
법사를 지키고 보호하게 하며,

만약 설법하는 사람이
홀로 고요한 곳에 있으며
적막하고 아무도 없는 곳에서
이 경전을 읽고 외우거든,

내 그때 청정한 광명의 몸을 나타내어
혹 그가 글귀를 잊어버려서 막히게 되면
그를 위해 일러주어서

막히지 않고 통달케 하리라.

만약 누군가 이런 공덕 갖추고
혹 사부대중 위해 설하거나
외진 곳에서 경을 읽고 외우면
모두 나의 몸을 볼 것이니,

만일 그가 외딴 곳에 있다면
내가 하늘천신과 용왕
야차와 귀신들을 보내어
청법 대중이 되도록 하되,

그는 설법하기를 좋아하고
내용을 분별함에 전혀 막힘이 없는 데다
모든 부처님들의 가호를 받고 있으므로

대중들로 하여금 기쁘게 할 수 있으리라.

법사를 가까이 모시게 되면
빨리 보살도를 완성할 것이고,
그 법사 말에 수순하여 배운다면
항하의 모래알처럼 많은 부처님들을 뵙게
되리라.

제11 견보탑품

그때 석가모니 부처님 앞에 높이가 오백 유순이며 가로와 세로는 이백오십 유순 정도 되는 칠보탑 하나가 땅이 갈라지면서 땅속에서부터 솟아 나와 공중 한가운데에 멈추었다. 그 탑은 여러 가지 보물로 장식되었고 오천 개의 난간에 감실만도 천만 군데이며, 수많은 깃발로써 장엄하게 꾸며져 있었다. 게다가 보배영락이 아름드리 드리워졌는데

만억 개나 되는 보배방울이 그 위에 대롱대롱 매달렸고, 사면에서는 다마라발 전단나무 향기가 그윽히 풍겨 나와 온 세계에 진동하였다. 그 모든 번기와 일산들은 금·은·유리·자거·마노·진주·매괴의 칠보로써 이루어졌으며, 일산의 높이는 무려 사천왕궁에까지 이르렀다.

삼십삼천의 천신들은 하늘의 만다라꽃을 꽃비로 내리며 보배탑에 공양하였고, 나머지 다른 하늘천신들과 용·야차 그리고 건달바·아수라·가루라·긴나라·마후라가 같이 사람인 듯하면서 아닌 천만억 대중들은 온갖 꽃과 향·영락·번기·일산·악기 등을 가지고 보배탑에 공양드리며 공경하고 존중히 찬탄하였다.

그때 보배탑 속에서 큰 음성이 울려 나와 찬탄하기를,

"오, 거룩하시고 거룩하십니다! 석가모니 세존이시여!

능히 평등한 큰 지혜로써 보살을 가르치는 법이며 부처님이 호념하시는 묘법연화경을 대중 위해 설하시다니, 참으로 훌륭하십니다! 석가모니 세존께서 설하신 내용들은 모두 참이며 진실입니다!"

그때 사부대중은 거대한 보배탑이 공중에 둥실 떠 있는 것을 보고, 또 탑 속에서 우렁우렁 크게 울려 나오는 음성을 듣자 모두 법의 기쁨을 느꼈다. 그리고 일찍이 없던 일이라 의아스럽게 여기며, 자리에서 일어나 공손히 합장한 채 한 쪽으로 물러났다.

그때 대요설이라 부르는 한 보살마하살이 있었는데, 모든 세상의 하늘천신과 사람 그리고 아수라들이 마음속으로 이상스럽게 생각하는 것을 알고는 부처님께 사뢰었다.

"세존이시여!

무슨 인연으로써 저 보배탑이 땅속에서부터 솟아 나왔으며, 또 어떤 분이 탑 속에서 저렇게 큰 소리를 내시나이까?"

그때 부처님께서 대요설보살에게 이르시었다.

"저 보배탑 속에는 여래의 몸 전체가 모셔

져 있느니라.

먼 옛날 동방으로 한량없는 천만억 아승기의 수많은 세계를 지나서, 보정세계가 있었느니라. 그 세계에 부처님께서 계셨으니, 바로 다보 부처님이셨느니라. 그 부처님께서 보살도를 닦고 계실 때에 큰 서원을 세우셨으니,

'만약 내가 성불하고 나서 열반한 뒤에 시방세계 어느 곳이든 법화경을 설하는 곳이 있다면, 나의 탑이 경을 듣기 위해서 그 앞에 솟아나리라. 그리고 설법을 증명하기 위해 거룩하다고 찬탄하리라.'

이윽고 그 다보 부처님께서 성도하신 다음 열반하실 때가 이르자, 부처님께서는 하늘

천신과 인간 대중 가운데에서 여러 비구들에게 말씀하셨느니라.

'내가 열반한 뒤 나의 전신에 공양하고자 하는 이는 마땅히 큰 탑을 하나 세우도록 하여라!'

이리하여 다보 부처님의 신통력과 원력으로써 시방세계 어느 곳이든 법화경을 설하는 사람이 있는 곳이라면, 부처님의 보배탑이 모두 대중 앞에 솟아 나오느니라. 그리고 다보 부처님의 전신이 탑 속에 계시면서 말씀하시기를, '거룩하시고 거룩하십니다!'라고 칭찬하시느니라.

대요설보살이여!

그래서 지금도 다보여래의 탑이 법화경

설하는 것을 듣고자 땅속에서부터 솟아 나와서, '거룩하시고 거룩하십니다!'라고 칭찬해 주신 것이니라."

이때 대요설보살이 여래의 위신력을 입고 부처님께 사뢰었다.

"세존이시여! 저희들은 다보 부처님의 몸을 직접 뵈었으면 좋겠습니다."

부처님께서 대요설 보살마하살에게 이르시었다.

"그 다보 부처님께서는 깊고 중대한 원력을 다음과 같이 세우셨느니라.

'만일 내 보배탑이 법화경을 듣기 위해 여러 부처님들 앞에 나타났을 때 어느 부처님이

든 내 몸을 사부대중에게 보여주고자 한다면, 그 부처님의 모든 분신부처님들이 시방세계에서 설법하다가 전부 한곳에 모인 다음에야 나의 몸을 나타내 보여주리라!'

그러니 대요설보살이여! 다보 부처님의 몸을 보려면 이제 시방세계에서 설법하고 있는 나의 분신부처님들을 먼저 다 모이도록 해야 하느니라."

대요설보살이 부처님께 사뢰었다.

"세존이시여! 저희들은 세존의 모든 분신부처님들도 뵙고 절하고 싶습니다. 그리고 그분들께도 공양 올리고 싶습니다."

그때 부처님께서 두 눈썹 사이의 백호에서 한 줄기 광명을 놓으시니, 곧 동방으로 오백만억 나유타 항하의 모래알처럼 수많은 세계 속의 여러 부처님들을 친견하게 되었다. 그 여러 세계들은 전부 파려보배로 땅이 되었고, 보배나무와 보배옷으로써 눈부시게 장엄되었다. 게다가 천만억의 무수한 보살들이 그 세계들마다 충만하거늘, 보배장막을 널따랗게 치고 보배그물이 그 위에 펼쳐져 있었다. 그 세계의 여러 부처님들께서는 크고 미묘한 음성으로써 많은 가르침들을 연설하시고 계셨다. 그리고 천만억의 한량없는 보살들이 여러 세계들에 충만한데, 대중을 위해 설법하고 있는 광경이 보였다.

남방세계도 마찬가지였고 서방세계와 북방세계도 그러했다. 또한 네 간방의 동남방·

동북방·서남방·서북방세계도 그러했으며, 상방세계와 하방세계 등 백호상의 광명이 뻗친 곳은 모두 다 그러하였다.

그때 시방의 모든 분신부처님들께서 각각 여러 보살들에게 이르시었다.

"선남자들이여!

내 지금 응당 사바세계의 석가모니 부처님 처소로 가야겠구나. 아울러 다보여래의 보배탑에도 공양 올려야겠다!"

그러자 이때 사바세계는 곧 청정하게 바뀌어 청보석의 유리로 땅이 되고 많은 보배나무로 장엄되었다. 황금으로 줄을 꼬아 팔도를 경계하였으며, 여러 작은 부락과 마을·성읍 따위들과 큰 바다와 강·시내·산과 숲들이 다 없어졌다. 큰 보배향을 사르매 향내가 진동하였고, 아름다운 만다라꽃이 땅에 두루 뿌려졌다. 또 그 위에 보배그물과 보배장막을 펼쳤는데, 거기에다 갖가지 보배방울들이 여기저기 매달렸다. 그리고는 오직 그 회상에 모였던 대중들만 머무를 뿐, 그 밖의 다른 하늘천신들과 사람들은 모두 다른 세계로 옮겨졌다.

당시 석가모니의 여러 분신부처님들께서는 각각 대보살 한 명씩만 시자로 거느리신 채, 사바세계에 이르러 저마다 보배나무 아래에 앉으셨다. 하나하나의 보배나무 높이는 오백 유순이거늘, 가지와 이파리가 알맞게 돋자 꽃도 피고 열매도 맺으며 차례로 아름드리 장엄되었다. 그리고 모든 보배나무 아래에는 전부 사자좌가 마련되었으니, 높이는 오 유순이고 역시 큰 보배들로써 화려하게 꾸며졌다. 그때 여러 분신부처님들께서 저마다 자리에 가부좌를 맺고 앉으시되, 이렇게 계속 앉다 보니 삼천대천의 온 세계가 꽉 차게 되었다. 그렇지만 아직 석가모니 부처님의 한 쪽 방위에 계셨던 분신부처님들도 다 앉지 못하신 상태였다.

당시 석가모니 부처님께서는 모든 분신부처님들을 영접하기 위해서, 팔방으로 다시 각각 이백만억 나유타 세계를 변화시켜 전부 청정하게 하셨다. 그래서 지옥·아귀·축생·아수라가 아예 없어졌고, 또 거기에 있던 모든 하늘천신과 사람들은 다른 세계로 옮겨졌다.

변해진 세계도 역시 청보석의 유리로 땅이 되고 많은 보배나무로 장엄되었다. 그 나무들의 높이는 오백 유순이거늘, 가지와 이파리가 알맞게 돋자 꽃도 피고 열매도 맺으며 차례로 아름드리 장엄되었다. 그리고 나무 아래에는 전부 보배로 된 사자좌가 마련되었으니, 높이는 오 유순이고 여러 가지 많은 보배들로써 화려하게 꾸며졌다. 또한 큰 바다·강·시내와 목진린타산·마하목진린타산·철위산·대철위산·수미산 등 큰 산이 없이 전부 하나의 부처님 세계로 통일되었다. 보배로 된 땅은 고르고 평탄하건만, 그 위에 알록달록 보배

섞인 장막을 눈부시게 펼쳐서 많은 번기와 일산을 달았다. 큰 보배향을 사르매 향내가 진동하였고, 하늘의 여러 아름다운 보배꽃들이 땅 위에 색색으로 뿌려졌다.

석가모니 부처님께서는 모든 분신부처님들께서 오시어 앉으시도록 하기 위해, 또다시 팔방으로 각각 이백만억 나유타 세계를 변화시켜서 전부 청정하게 하셨다. 그래서 지옥·아귀·축생·아수라가 아예 없어졌고, 또 거기에 있던 모든 하늘천신과 사람들은 다른 세계로 옮겨졌다.

새로 변해진 세계도 역시 청보석의 유리로 땅이 되고 많은 보배나무로 장엄되었다. 그 나무들의 높이는 오백 유순이거늘, 가지와 이파리가 알맞게 돋자 꽃도 피고 열매도 맺으며 차례로 아름드리 장엄되었다. 그리고 나무 아래에는 전부 보배로 된 사자좌가 마련되었으니, 높이는 오 유순이고 역시 큰 보배들로써 화려하게 꾸며졌다. 또한 큰 바다·강·시내와 목진린타산·마하목진린타산·철위산·대철위산·수미산 등 큰 산이 없이 전부 하나의 부처님 세계로 통일되었다. 보배로 된 땅은 고르고 평탄하건만, 그 위에 알록달록 보배 섞인 장막을 눈부시게 펼쳐서 많은 번기와 일산을 달았다. 큰 보배향을 사르매 향내가 진동하였고, 하늘의 여러 아름다운 보배꽃들이 땅 위에 색색으로 뿌려졌다.

그때 동방으로 백천만억 나유타 항하의

모래알처럼 수많은 세계 가운데 계셨던 석가모니 분신부처님들께서 각각 설법을 하시다 말고 이곳 사바세계로 모이셨다. 이렇게 해서 차례로 시방의 모든 분신부처님들께서 다 모이시어 팔방에 앉으시니, 팔방의 낱낱 방위마다 각각 사백만억 나유타의 넓고 넓은 세계가 모든 분신부처님들로 가득 충만하게 되었다.

이때 모든 분신부처님들께서 각각 보배나무 아래에 있는 사자좌에 앉으신 채, 모두 시자를 보내시어 석가모니 부처님께 문안드렸다. 즉 모든 분신부처님들께서는 제각기 시자에게 보배꽃을 한아름씩 안고 가도록 지시하시며 말씀하시되,

"선남자여! 그대는 기사굴산의 석가모니 부처님 처소로 찾아가서 다음과 같이 내 말대로 안부를 여쭈어라.

'아프신 데 없고 걱정도 없으시며, 기력도 괜찮으십니까?

그리고 보살과 성문들도 다 편안하겠지요?'

그러면서 이 보배꽃을 가지고 부처님께 뿌려 공양하고는,

'저 아무개 부처님도 이 보배탑을 세존께서 열어주시기를 바라고 계십니다.'라고 말씀드려라."

모든 분신부처님들께서 저마다 이와 똑같이 시자를 보내셨다. 그러자 석가모니 부처

님께서는 분신부처님들이 전부 모여서 각각 사자좌에 앉으신 것을 확인하시고, 또 모든 분신부처님들께서 똑같이 보배탑 여는 데 동의하신다는 말씀을 전해 듣고는 곧 자리에서 일어나 허공 한가운데 올라가 멈추셨다. 이에 일체 사부대중도 덩달아 일어서서 합장하고 일심으로 숨죽인 채 부처님을 우러러보았다.

이윽고 석가모니 부처님께서 오른 손가락으로 칠보탑의 문을 여시니 아주 크고 웅장한 소리가 났다. 그것은 마치 잠겨 있던 빗장을 뽑고 자물쇠를 풀어서 커다란 성곽의 문을 열어젖히는 소리와도 흡사했다. 그러자 즉시 거기에 모였던 일체 대중들은 다보여래께서 보배탑 속의 사자좌에 앉아 계신 것을 이내 알아보았다. 다보 부처님의 몸은 하나도 손상되지 않고 완전한 상태로 선정에 드신 양 고요히 앉아 계셨다.

그 다보여래의 음성이 다시 들려왔으니,

"거룩하시고 거룩하십니다. 석가모니 부처님이시여!

아주 훌륭하게 이 법화경을 잘 연설하시고 계십니다.

저는 이 경전을 듣기 위하여 이곳에 왔습니다."

그때 사부대중은 과거 한량없는 천만억 겁 이전에 열반하셨던 부처님께서 이와 같이 말씀하시는 것을 실제로 듣게 되자 일찍이 없던 희유한 일이라 찬탄하였다. 그래서 하늘의 보배 꽃송이들을 가지고, 다보 부처님과 석가모니 부처님 머리 위에 극진히 뿌리며 공양하였다.

그때 다보 부처님께서 보배탑 속의 자리를 절반으로 나누어 석가모니 부처님께 양보하시며 이렇게 말씀하셨다.

"석가모니 부처님, 어서 이 자리에 앉으십시오!"

석가모니 부처님께서 즉시 그 탑 안에 들어가 절반의 자리에 가부좌를 맺고 앉으셨다. 그때 대중들은 두 여래께서 칠보탑 속의 사자좌 위에 같이 가부좌를 맺고 앉으신 것을 보고는 저마다 이렇게 생각하였다.

'부처님 자리는 너무 높고 멀기만 하니, 부디 거룩하신 여래시여! 신통력으로써 저희들도 부처님 계신 허공에 함께 오르도록 해주십시오!'

그러자 석가모니 부처님께서 바로 신통력으로써 모든 대중들을 이끌어 허공에 올라오게 하시고, 큰 음성으로써 널리 사부대중에게 이르시었다.

"누가 능히 이 사바세계에서 묘법연화경을 널리 설할 수 있겠느냐? 지금이 바로 이 경전을 설할 때이니, 여래는 머지않아 열반에 들 것이니라. 그래서 부처님은 이 묘법연화경을 부촉할 데가 있었으면 좋겠노라."

그때 세존께서 거듭 의미를 표현하시고자

게송으로 말씀하셨다.

성인 중의 으뜸이신 다보세존께서도
비록 열반하신 지 그렇게 오래되셨으나
오히려 보배탑 속에 계시며 법을 위해 여기까지 오셨거늘
어찌하여 사람들이 법을 위해 부지런히 정진하지 않을쏜가!

다보 부처님께서 열반하신 지는
참으로 오랜 겁 이전이건만
어디서든 곳곳마다 법을 들으려 하심은
이 가르침을 듣기가 어렵기 때문이니,

그 부처님의 근본 서원이

'내 열반한 뒤에
어느 곳이든 설법하는 데 찾아가서
항상 법화경을 들으리라!'였도다.

또 항하의 모래알처럼 한량없는
나의 분신부처님들도
모두 와서 법화경을 듣고
열반하신 다보여래 뵈옵고자,

저마다 훌륭한 세계와 제자들,
하늘천신·사람·용·귀신들의 온갖 공양 마다
하고
부처님 가르침을 오래 머무르게 하려고
일부러 여기에 다 모였도다.

모든 부처님들 앉으시도록
신통력으로써
한량없는 대중들을 옮겨 놓아
세계를 맑고 깨끗하게 하매,

이옥고 많은 분신부처님들
각각 보배나무 아래에 이르시거늘
마치 청정한 못을
연꽃으로 수놓아 장엄한 듯하며,

보배나무 밑의 모든 사자좌 위에
부처님들 앉으시어 광명 비추시니
마치 깜깜했던 한밤중에
커다란 횃불을 밝힌 듯 환하도다.

부처님 몸에서 나는 그윽한 향기가
시방세계에 두루 진동하자
중생들은 부처님 향내에 취하여
못내 기쁨을 이기지 못하거니,

마치 거대한 폭풍이 쉴 새 없이
작은 나뭇가지를 흔들어대듯 하거늘
이러한 방편으로써
가르침을 오래 머무르게 하도다.

모든 대중들에게 이르되,
내 열반한 뒤에
누가 능히 이 법화경을
받들어 간직하며 읽고 설할 수 있겠는가?

지금 부처님 앞에서
스스로 맹세하여 말할지니,
이 다보 부처님도 비록 오래 전에 열반하셨으나
큰 서원 세우셨기에 사자후를 하시지 않는가!

다보여래와
나 석가모니불과
여기 모인 모든 화신불들은
마땅히 그 서원의 참된 뜻을 알리니,

모든 불자들이여!
누가 능히 가르침을 지키겠느냐?
마땅히 큰 원력 세워서
법을 오래 머무르게 하여라.

만일 어떤 이가 이 경의 가르침을 지킨다면
곧 나와 다보불께 공양 올리는 셈이니,
다보 부처님께선 보배탑 속에 계시며 이 경을 위해
언제나 시방세계 곳곳을 다니시느니라.

또한 이 가르침을 지키게 되면
시방 여러 곳에서 오신 화신 부처님들
장엄하고 화려하게 모든 세계 빛내시는
그 부처님들께도 역시 공양 올리는 격이니,

만일 이 경전을 설한다면
곧 나와 다보여래
그리고 모든 화신불마저
친견한 셈이 되느니라.

모든 선남자들이여,
각각 깊이 생각할지니
이는 매우 어려운 일이므로
마땅히 큰 원력을 세워야 하느니라.

비록 항하의 모래알처럼 수많은
다른 나머지 경전들을
전부 다 연설한다 하더라도
그다지 어렵지 않으며,

혹은 수미산을 잡아 빼어
수없이 많은 다른 부처님들 세계에
집어던지는 일 따위도
별로 어렵지 않고,

발가락으로써
대천세계를 움직여
멀리 다른 세계에 집어던지는 일도
역시 어렵지 않으며,

유정천 꼭대기에 서서
중생들을 위하여
나머지 한량없는 경전들을 연설하는 것도
또한 그다지 어렵지 않거니와,

그러나 부처님 열반하신 후
오탁악세 험한 세상에
능히 법화경을 연설하는 일이야말로
이것이 정말 어려운 일이니라.

가령 어떤 사람이
손으로 허공을 잡아서
갖고 노닐며 다닐지라도
별로 어렵지 않거니와,

내 열반한 뒤에
법화경을 직접 써서 간직하거나
남을 시켜서 쓰게 하는 일
이것이 어려우니라.

거대한 땅덩어리를
발톱 위에 얹어 놓은 채
하늘나라 범천에까지 오르는 일도
그다지 어렵지 않거니와,

부처님 열반하신 후
오탁악세 험한 세상에서
잠깐만이라도 법화경을 읽는 일
이것이 진정 어려우니라.

가령 겁화가 탈 적에
마른 풀을 짊어지고
불 속에 들어가서 타지 않는 일도
크게 어렵지 않거니와,

내 열반한 뒤에
이 법화경을 수지하며
한 사람을 위해서만이라도 말해주는 일
이것이 정말 어려우니라.

팔만 사천의 법장, 곧 십이부경 가지고
남을 위해 연설해주어서
듣는 사람 전부 육신통을 얻게 하는 일도
그리 어렵지 않거니와,

내 열반한 뒤에
이 법화경을 듣고 수지하여
그 뜻에 대해 질문하는 일
이것이 참으로 어려우니라.

혹 어떤 사람이 법을 설해서
천만억 무량무수 항하의 모래알처럼 많은
중생들에게
아라한과는 물론 육신통을 갖추게 하여
그처럼 이롭게 하는 일도 별로 어렵지 않거니와,

내 열반한 뒤에
능히 이러한 대승경전을
받들어 간직하는 일이야말로
이것이 진짜 어려우니라.

내가 불도를 위해
한량없는 세계에서
처음부터 지금까지 널리 여러 경전들 설했으나
그 가운데에서 법화경이 제일이니라.

만약 누군가 능히 이 경을 간직한다면
곧 부처님 몸을 모시는 경우나 마찬가지이니
모든 선남자들이여!
내 열반한 뒤 누가 이 경전 수지하여 독송할
수 있겠느냐?

지금 부처님 앞에서 스스로 맹세하여 말할지니,
이 경은 간직하기 어렵기에
잠깐만이라도 누군가 간직한다면
나는 물론이고 모든 부처님들께서도 기뻐하
시리라.

그런 사람은 모든 부처님들께 칭찬 받으리니
이것이 곧 용맹이자 정진이며 지계이고
두타를 닦는 행으로
위없이 높은 불도를 빨리 이루리라.

능히 앞으로 오는 세상에
이 법화경을 읽고 간직한다면
그는 참된 부처님의 아들로
순일한 마음의 경지에 머물 것이며,

부처님 열반한 뒤 능히 이 경전의 뜻을 알게
되면
바로 모든 하늘천신과 사람들의 세상 안목이
되거늘,
두렵고 험한 오탁악세에서 잠깐만 연설하더
라도
일체 하늘천신과 사람들이 모두 응당 공양하
리라.

사경 끝난 날 : 불기　　　　년　　월　　일